잠깐, 이대로도 괜찮아

잠깐, 이대로도 괜찮아

발행일	2025년 7월 31일

지은이	강준이, 강지원, 구미옥, 권은주, 서정혜, 양미란, 이명숙, 이은숙, 이현정, 전세병		
펴낸이	손형국		
펴낸곳	(주)북랩		
편집인	선일영	편집	김현아, 배진용, 김다빈, 김부경
디자인	이현수, 김민하, 임진형, 안유경, 최성경	제작	박기성, 구성우, 이창영, 배상진
마케팅	김회란, 박진관		
출판등록	2004. 12. 1(제2012-000051호)		
주소	서울특별시 금천구 가산디지털 1로 168, 우림라이온스밸리 B동 B111호, B113~115호		
홈페이지	www.book.co.kr		
전화번호	(02)2026-5777	팩스	(02)3159-9637
ISBN	979-11-7224-730-0 03810 (종이책)		979-11-7224-731-7 05810 (전자책)

잘못된 책은 구입한 곳에서 교환해드립니다.
이 책은 저작권법에 따라 보호받는 저작물이므로 무단 전재와 복제를 금합니다.
이 책은 (주)북랩이 보유한 리코 장비로 인쇄되었습니다.

(주)북랩 성공출판의 파트너
북랩 홈페이지와 패밀리 사이트에서 다양한 출판 솔루션을 만나 보세요!

홈페이지 book.co.kr • 블로그 blog.naver.com/essaybook • 출판문의 text@book.co.kr

작가 연락처 문의 ▶ ask.book.co.kr
작가 연락처는 개인정보이므로 북랩에서 알려드릴 수 없습니다.

잠깐,
이대로도 괜찮아

강준이, 강지원, 구미옥, 권은주, 서정혜,
양미란, 이명숙, 이은숙, 이현정, 전세병

차례

들어가는 글 　　　　　　　　　　　　　　　　　　　06

1장 시계

1-1.　시계(時計)의 바늘은 찌르지 않는다(강준이)　　　12
1-2.　시간의 주인이 되는 법(강지원)　　　　　　　　　18
1-3.　결혼의 흔적(구미옥)　　　　　　　　　　　　　　23
1-4.　멈춘 시간(권은주)　　　　　　　　　　　　　　　28
1-5.　시간은 사랑을 이해하게 한다(서정혜)　　　　　　33
1-6.　나의 하루를 오롯이 내 것으로 만드는 방법(양미란)　38
1-7.　상처가 선물이 되는 시간(이명숙)　　　　　　　　43
1-8.　다시 돌아오지 않을 시간(이은숙)　　　　　　　　48
1-9.　거꾸로 돌아가는 삶(이현정)　　　　　　　　　　53
1-10. 시계(時計)는 내 삶의 리듬에 따라 움직였다(전세병)　58

2장 마음의 숲

2-1.　숲(森)! 운림병풍 같은 삶의 터(강준이)　　　　　66
2-2.　다시 피어나는 꽃, 나를 만나는 시간(강지원)　　　72
2-3.　나의 유년 시절의 추억(구미옥)　　　　　　　　　78
2-4.　짝사랑, 숲(권은주)　　　　　　　　　　　　　　83
2-5.　숲이 나를 부를 때(서정혜)　　　　　　　　　　　87
2-6.　내 안의 숲을 깨우는 시간(양미란)　　　　　　　92
2-7.　"느려도 괜찮아 잘하고 있어서"라고 말한다(이명숙)　97
2-8.　숲에서 인생의 길 찾기(이은숙)　　　　　　　　102
2-9.　나의 반쪽이 사라졌다(이현정)　　　　　　　　　107
2-10. 나의 평안한 안정제(전세병)　　　　　　　　　　112

3장 골목

3-1.	골목 없는 시골에서 만난 미래(강준이)	120
3-2.	'살아 있음'의 감사함(강지원)	126
3-3.	잊힌 이야기들(구미옥)	132
3-4.	내 어린 날의 우주(권은주)	137
3-5.	골목에서 만난 인연(서정혜)	141
3-6.	잊고 있던 골목, 잊고 있던 나(양미란)	146
3-7.	사라진 골목과 소중함을 잃지 않는 마음(이명숙)	151
3-8.	인생의 행복 골목길(이은숙)	156
3-9.	햄스터 사는 세상 속 삶과 죽음(이현정)	161
3-10.	골목, 다채로운 색깔을 가진 타임머신(전세병)	167

4장 별

4-1.	하늘의 별, 내 삶의 등불-아버지 등에서 본 첫 번째 별(강준이)	174
4-2.	보이는 것이 다가 아니다. 답은 내 안에(강지원)	179
4-3.	잃어버린 방향(구미옥)	185
4-4.	작은 위로, 뮤랄로(권은주)	190
4-5.	말하지 못한 마음이 별이 되었다(서정혜)	194
4-6.	모든 나는 별을 품고 있다(양미란)	199
4-7.	내면의 빛과 나침반 찾기(이명숙)	204
4-8.	나답게! 어른답게 살아가기(이은숙)	209
4-9.	가슴속 깊은 곳에 별 하나 오다(이현정)	213
4-10.	자연 또는 주위가 주는 삶의 방향(전세병)	218

마치는 글   224

들어가는 글

쓴 만큼 나를 사랑하게 되었다.

벽시계 소리가 유난히 크게 들리는 밤이면 묻곤 한다. "나는 지금 제대로 살고 있는 걸까, 아니면 그저 흘러가고 있는 걸까?"

새벽 알람에 깨어 지하철 시간에 맞춰 뛰어간다. 점심시간마저 서둘러 넘긴다. 집에 와서도 쉴 틈이 없다. 그렇게 계절이 바뀌고 또 한 해가 저물어 간다. 어느 순간 문득 이런 생각이 든다. '내가 정말 원했던 삶이 이런 걸까?'

이 책은 그런 당신을 위해 썼다.

중학교 졸업장 잉크가 채 마르기도 전에 시작된 직장 생활. 집안 사정으로 여고 진학을 포기하고 일터로 향했다. 일과 학업을 병행하며 바쁘게 정신없이 달려오는 동안 사춘기라는 게 있었는지도 모르고 지나쳤다. 지금 생각해 보면 그 또한 축복이었다. 걱정이 비집고 들어올 틈조차 없이 앞만 보고 달려왔으니까.

그런 내게 <부산큰솔나비> 독서모임과의 만남은 인생의 전환점이었다. 8년 전 처음 모임에 참여했을 때는 책 한 권 읽어내는 것조차 버거웠다. 하지만 함께 읽고 토론하며 조금씩 성장했고, 마침내 이렇게 함께 책까지 펴내게 되었다.

독서모임이 즐거워질 무렵 <글센티브책쓰기> 교실을 만났다. 그곳에서 배우고 실천하며 하나씩 꿈을 이루어갔다. '미라클 모닝', '필사', '블로그', 그리고 이번 '공저 3기'까지 해냈다. 새벽 5시 줌 모임. '아주 특별한 아침'에서 명상으로 하루를 시작하며 부지런하고 규칙적인 생활이 가능해졌다. 먼 세상 이야기라고 엄두도 못 냈던 블로그 운영도 이제는 일상이 되었다.

이 책에는 열 명의 저자가 각자의 삶에서 건져 올린 진솔한 이야기들이 담겨 있다. 독서모임에서 든든한 언니 역할을 해 주는 작가는 번개 같은 실행력과 시원시원한 판단력으로 우리 모두에게 일상의 이정표가 되어주었다. 은퇴 후 새로운 도전을 멈추지 않는 그분은 나이란 숫자일 뿐이라는 걸 몸소 보여주었다. 직장 동료에서 독서모임 동무로 이어진 귀한 인연, 조용히 모임에 나타나서 숨어 있던 내공을 보여준 분, 멀리 떨어져 있는 도시에서도 환한 미소로 함께해주는 분까지. 이렇게 다양한 재능을 가진 작가들과 함께하며 얻은 지혜가 선물처럼 다가왔다. 함께하며 감정은행에 쌓인 가치 있는 것들에 감사한다.

1장, '시계'를 통해서는 기계적인 시간에 매몰되지 않고 자신만의 리듬을 찾아가는 법을 배운다. 어떤 이는 멈춘 시간 속에서 진짜 의미를 발견했고, 또 어떤 이는 상처가 선물로 변하는 마법 같은 순간을 경험했다. 2장, '마음의 숲'에서는 도시의 소음 속에서 잃어버린 본능과 감각을 되찾는 여정을 함께한다. 한 저자는 첫사랑처럼 숲을 그리워했고, 다른 저자는 숲에서 진짜 자신을 만났다. 3장, '골목'은 우리가 지나쳐버린 일상의 보물창고다. 시골에서 골목 없는 삶을 살았던 이의 이야기부터, 어린 시절 골목이 온 우주였던 기억까지. 골목길을 걸으며 저자들은 잊고 있던 자신을 다시 만났다. 마지막 장 '별'에서는 혼란스러운 시대를 살아가는 우리에게 방향을 알려주는 내면의 나침반을 찾는 이야기들이 펼쳐진다.

글쓰기는 여전히 서툴고 어렵다. 하지만 함께하니 서로를 응원하고 격려하는 마음이 큰 힘이 되어 참 좋다. 마감일에 맞춰 단톡방에 올라오는 글들을 읽는 재미에 빠져 지낸 글쓰기 과정은 쏜살같이 지나갔다. 결과보다 과정이 중요하다는 명언을 오롯이 체험하는 시간이었다.

　지금의 나는 읽고, 쓰고, 여행하고, 운동하며 지낸다. 이 모든 것을 허락한 삶에 108배 절하며 외친다. "덕분입니다. 감사합니다."

　이 책을 읽다 보면 깨닫게 된다. 우리가 찾고 있던 답은 멀리 있지 않다는 것을. 바로 우리 일상에, 우리가 매일 지나치는 순간들 속에 있다는 것을. 열 명의 저자가 각자의 자리에서, 각자의 방식으로 발견한 삶의 지혜들이 당신에게도 따뜻한 위로가 되기를 바란다.

　이 책 마지막 페이지를 덮을 때, 이렇게 중얼거릴 수 있다면 좋겠다. '아, 잠깐. 이대로도 괜찮네!' 그 한마디가 우리 모두에게 필요한 쉼표이자, 나를 사랑하는 새로운 출발점이 될 테니까.

　우리 열 명은 책을 만들면서 한 뼘 더 성장했다. 한 글자씩 써나갈 때마다 나를 더 알아가고, 더 사랑하게 되었다. 이 책을 펼친 당신도 그러하길!

2025. 초여름.
강준이

1장
시계

1-1

시계(時計)의 바늘은
찌르지 않는다
(강준이)

    시험 장소에서 답안지를 작성하다가 실수했다. 답안지를 재작성하다가 시간이 부족해 마무리를 못 했다. 답답하고 서운한 마음에 소리 내어 울었다. 안타까워 어쩔 줄 모르다 깨보니 꿈이었다.

    나는 중학교 졸업장 잉크가 마르기도 전부터 직장 생활을 시작해 강산이 4번 이상 바뀌도록 일했다. 올해 정년퇴직을 했다. 시간에서 자유로운 일상을 보내고 있는데, 아직도 가끔 시간에 쫓기는 꿈을 꾸다가 일어난다.

"일어나! 일어나!"

    꿈결에서 탁상시계가 소리친다. 총소리에 경계 태세를 취하는 군인처럼 벌떡 일어났다. 아뿔싸! 출근 시간을 이미 넘긴 시간이다. 기상 시간에 맞춰 놨던 시계는 표정 없이 제자리에 앉아 있다. 원망의 눈빛으로 바라봐도 시계는 태평한 얼굴로 째깍거릴 뿐이다. 울렸는데 듣지 못했는지, 고장이 났는지 확인할 새도 없이 용수철처럼 텡겨 나가듯 집을 뛰쳐나왔다. 부산대학병원 위쪽 까치고개 달동네 자취방에서 병원까지, 빛의 속도로 달렸다. 내리막길에서 브레이크 고장 난 자전거처럼 미친 듯이 달렸지만 결국 지각이었다. 호랑이 같은 수간호사 얼굴이 떠올랐다. 사직서를 써야 하나? 신입 간호사 시절, 수간호사의 불호령은 호환·마마보다 무서웠다. 누군가 꾸지람을 들을 때면 부서 전체가 시베리아보다 차갑게 얼어붙었다. 동료들과 사시나무 떨듯 눈치를 보던 기억들이 영상처럼 선명하게 되살아났다. 뛰느라 힘든 몸보다 정신이 더 혼미했다. 홀린 듯 탈의실에서 옷을 갈아입고 수술실 문을 조심스럽게 열었다. 수술대에 누워 안정제를 맞은 환자보다 내가 더 긴장한 것 같았다. 환자는 약발로라도 편안하지만, 나는 맨정신으로 꾸중을 들어야 했으니까.

복도 저편에서 사수가 주위를 살피고 있었다. 나를 발견한 사수는 먹잇감을 본 맹수처럼 내 팔을 휙 잡아당겼다. 내가 빛의 속도로 달려온 것이 무색할 만큼, 더 빠르게 수술방 안으로 끌려 들어갔다. '아, 수간호사한테 혼나기 전에 사수한테 먼저 혼나는구나. 오늘은 정말 되는 일이 하나도 없네.' 쥐구멍이라도 찾고 싶었다. 간호사의 지각은 아파서 결근하는 것보다 더 큰 질책을 받는다는 것을 너무 잘 알고 있었다.

"아이 씨! 이럴 줄 알았으면 사직서나 써서 천천히 올 걸."

머리는 하얗고, 다리는 후들거리고, 세수도 못 한 채 새파랗게 질린 내 얼굴을 본 사수가 갑자기 깔깔거리며 웃었다.

"아무도 네가 지각한 걸 모르니까 그냥 일하자!"

'이게 무슨 소리지? 꿈인가?' 수술실 간호사가 많아서 한둘 빠져도 아침 인계를 하는 경우가 있긴 했지만, 이런 행운이 내게 올 줄이야.

나는 30년 수술실에서 근무했다. 이제 수간호사가 되었다. 수술실에서 병동으로 부서 이동을 했다. 새로운 업무도 어려웠지만, 병동 간호사들의 이름과 성격을 파악하는 것도 만만치 않았다.

"수 선생님, K 간호사가 늦잠 자서 늦는답니다."

전화를 받고 난 후, 복도에서 들려오는 동료들의 수군거림이 내 귀에 들렸다.

"또 시작이네. 지각을 밥 먹듯 하는 버릇 언제 고치겠노!"

'아, 자주 지각하는 직원이구나.' 순간 내가 지각했던 그 아침이 떠올랐다. 택시 안에서 사직서를 쓰고 싶어 했던 그 마음을 K 간호사도 느끼고 있을까? 지각한 간호사를 어떻게 대해야 할지 고민했다. 습관적인 지각을 그냥 넘어갈 순 없지만, 나 역시 그 마음을 아니까. K 간호사가 출근해서 새파랗게 질린 얼굴로 내 방에 들어왔다. 나는 자리에서 일어났다.

"늦게 일어나서 머리가 하얗고 정신이 하나도 없지? 지금도 허공에 떠 있는 것처럼 어지럽지?"

지각한 간호사는 할 말을 잃었다. 아마 꾸중을 예상했을 텐데. 이후 그 간호사는 다시 지각하지 않았다. 훗날 다른 부서로 발령받는다는 소식을 전했을 때도 상쾌하게 받아들였다.

중학교 졸업 때까지는 시계 없이 살았다. 시간이란 게 그저 해가 뜨고 지는 것, 배고플 때 밥 먹는 것 정도였다. 고향을 떠나 부산에 와서 처음으로 정확한 시간에 떠나는 기차를 탔다. 시계는 그때부터 내 삶의 동반자가 되었다. 혼자 생활하며 시간을 지키기 위해, 살아남기 위해 손에서, 마음에서 늘 함께했다. 간호사가 된 후

엔 더욱 그랬다. '정확한 환자, 정확한 약, 정확한 경로, 정확한 용량, 정확한 시간'이 말을 귀에 못이 박힐 정도로 듣고 말했다. 3교대 근무에서 손목시계는 생존의 도구였다. 밤낮이 바뀌는 근무 환경에서 시계 없인 하루도 버틸 수 없었다. 정확한 시간에 출발하는 기차나 비행기처럼, 우리의 모든 일상이 시계에 맞춰져 있었으니까.

그런 와중에도 일요일만큼은 달랐다. 직장 휴일인 첫째, 셋째 일요일에 방송통신고등학교를 다녔다. 학교 가는 발걸음은 어찌나 가벼운지. 평일 직장에서의 무거운 시간과는 완전히 다른 세상이었다. 부산진역 앞 경남여고에서 공부할 때, 그곳 학생들의 시간은 천상의 시간처럼 보였다. 그들이 여유롭게 공부하는 평일이 꿈속에서나마 부러웠다. 내가 회사에서 일하는 동안 또래들은 교실에서 공부한다는 게 얼마나 부러웠는지. 일요일 아침 부산진역에 내리면 또 다른 부러운 풍경이 펼쳐졌다. 기차 타고 나들이 가는 사람들의 화려한 옷차림, 등에 멘 가방 속 먹거리들. 그 와자지껄한 모습들을 뒤로하고 교정에 들어서면 금세 기쁨에 빠졌다. 여기서 3년만 버티면 꿈에 그리던 대학생이 될 수 있으니까.

시간은 참 야속했다. 빨리 가고 싶을 때는 천천히 가서 속을 태웠고, 천천히 가고 싶을 때는 야속하게 뛰어가서 눈물짓게 했다.

밤 근무에서 낮 근무로 바뀔 때면 시차 적응이 어려워 잠 못 드는 밤이 많았다. 그때 읽은 산더미 같은 만화책들. 저녁 9시부터 다음 날 아침 9시까지 이어진 응급 수술들. 13시간 비행기 여행에서 비즈니스석을 부러워하며 흘린 침들. 손목의 시계, 벽의 시계, 핸드폰 속 시계. 내 분신처럼 따라다니며 시간을 알려주던 것들. 방송통신고등학교 수업 시간만큼은 닻을 내려 붙잡아 두고 싶었다. 반대로 밤을 새우며 하얗게 보내는 근무 시간은 연에 실을 달아 멀리 날려 보내고 싶었다.

그런데 정년을 하고 보니, 이제야 시간에 닻을 내려 원하는 만큼 머물 수 있게 되었다. 시간이 내 상태에 따라 빨라지기도 느려지기도 하던 그 야속함이, 이제는 추억이 되어 주마등처럼 스쳐 지나간다. 내 생활에 간섭하며 불공평하게 속박하던 시간이, 이제는 바다처럼 넓은 아량으로 정년퇴직이라는 시계가 되어 내 삶의 벽에 걸려 있다. 영원히 고장 나지 않을 것처럼 당당하게 자리 잡고서.

시간에서 자유로워진 지금도, 가끔은 시간에 쫓기는 꿈을 꾼다. 40년 넘게 몸에 밴 습관이 꿈속에서마저 나를 깨운다. 하지만 이제는 웃을 수 있다. 그 모든 시간이 지금의 나를 되게 했으니까.

1-2

시간의 주인이 되는 법
(강지원)

　우리에게 주어진 하루는 같은 24시간이지만, 그 시간을 어떻게 활용하느냐에 따라 인생의 결과는 천차만별이다. 시간은 돈과 달리 저축할 수도, 빌릴 수도 없는 유일한 자원이다. 지나간 시간은 되돌릴 수 없고, 미래의 시간은 아직 우리 손에 쥐어지지 않았다. 우리가 진정으로 소유할 수 있는 것은 오직 '지금 이 순간'뿐이다. 나는 50년 넘게 시간에 쫓기며 살아왔다. 하지만 이제는 시간을 지배하는 삶을 살고 있다. 내가 어떻게 시간의 노예에서 주인으로 변화했을까?

　"어제와 똑같이 살면서 다른 미래를 기대하는 것은 정신병 초기 증세다."라고 아인슈타인은 말했다. 환갑이 지났다. 나이가 들수록 지난 시간을 돌아보게 된다. 어제와 같은 삶을 30년 이상 살았다. 입으로 바쁘다고 불평했던 시간, 과거에 허투루 보낸 많은 날이 있었기에 시간의 소중함을 더욱 깨닫는다. 시간의 노예에서 벗어나 시간을 지배하며 살아가기로 했다.

맞벌이 부부였다. 남편은 1년 365일이 모자라 366일 술을 마셨다. 혼자 아이 키우랴 직장생활 하랴 울면서 보낸 날이 많았다. "요즘은 안 우나?" 몇십 년 뒤에 만난 직장 동료가 이렇게 물을 정도로 많이 울었던 기억이 난다. 지금 같으면 시간을 더 지혜롭게 사용할 수 있었을 것인데 너무 늦게 시간의 소중함을 깨달았다. 같은 강물에 발을 두 번 담글 수 없듯, 인생은 돌이킬 수 없다. 시간이 흐르고 나이가 드는 것은 당연하다. 인간은 누구나 자신에게 주어진 한정된 시간 안에서 살아갈 수밖에 없다.

53세에 우연히 3p 자기경영 연구소에서 하는 독서 기본과정을 알게 되었고 그때부터 내 삶은 달라졌다. 어릴 때는 독서를 했지만, 직장 다니면서 베스트셀러 몇 권 빼고는 읽은 적이 없다. 그랬던 내가 독서를 만난 것은 기적이다. 독서 하면서 <3p 바인더 기본과정>을 수강했다. 시간 관리 프로그램이었다. 바인더에 사용하는 시간을 적으면서 내가 살아가고 있는 모습을 돌아볼 수 있었다. 매일 바쁘다고 했던 나를 누군가에게 들킨 것 같이 얼굴이 빨개졌다.

우리나라에서 5년마다 국민의 하루 24시간 사용 형태를 조사 발

표한다. 그 자료 중에, 눈에 띄는 것은 국민의 54.4%가 시간이 부족하다고 느낀다고 한다. 나도 그중의 한 사람이었다. 하루 24시간 중 해야 한다고 생각하는 일을 제외하고 나면 실제로 사용할 수 있는 시간이 많지 않았다. 3P 바인더를 기록하면서 하지 않아도 될 시간을 줄였다. 책 한 권 읽을 시간이 없다고 당연히 여겼는데 시간 관리를 하는 순간 많은 여유의 시간이 주어졌고 알차게 하루를 보낼 수 있었다.

<나만의 시간 관리 방법 3가지>

첫째, 환경을 바꿨다. 거실에 있는 소파와 TV를 중고 매장에 팔았다. 바쁘다고 노래를 불렀는데 TV 보는 시간, 소파에 누워 있는 시간이 많았다. 소파가 있던 자리에 책장과 큰 책상을 놓았다. 시간이 갈수록 책이 많아졌다. 공간이 부족했다. 방법이 없을까 고민하던 중 아이패드 사용법을 배우게 되었다. 책을 스캔해서 아이패드 굿 노트에 저장하고 읽는다. 크게 확대도 되니 보기가 좋다. 독서 모임 많은 회원에게 아이패드 사용법을 알려주었다. 아이패드를 활용하는 회원이 많아지고 있다.

둘째, 독서 모임을 만들었다. <3p 자기 연구소>에서 하는 <독서 기본 과정> <독서 리더 과정>을 마치고 부산 큰솔 나비라는 독서 모임을 만들었다. 올해 2025년이 8년째다. 처음에는 매주 토요일 7~9시까지 진행했지만, 직장도 있었고 일주일마다 하는 것은 무리였다. 남편과 의논해서 2주에 한 번씩 하기로 했다. 남편도 술 문화에서 독서로 삶이 바뀌었고 30년째 마셨던 술도 끊었다. 직장과 독서 모임, 자기 계발을 위해서 시간 관리는 필수였다. 독서 모임 나이만큼 우리 부부도 성장 중이다. 코로나 전에 최고 55명까지 왔지만, 코로나 이후 30명 안팎으로 참여한다.

셋째, 바인더를 기록한다. 일과를 적고 색깔별로 4가지로 정리한다. 핑크(중요한 일), 연두색(개인), 파란색(자기 계발), 보라색(네트워크). 정리하고 보면 내가 사용한 시간을 한눈에 볼 수 있다. 인간은 망각의 동물이다. 헤르만 에빙하우스(H. Ebbinghaus) 망각 곡선에 따르면 망각은 10분이 지나면서부터 발생하기 시작해서 20분 이내에 42%가 잊히며 1시간이 지나면 56%, 하루가 지나면 67%, 한 달이 지나면 79%가 발생한다고 한다. 바인더는 기억을 되살려주고 일상을 보여주는 일기장이기도 하다.

누구에게나 똑같이 주어지는 시간을 어떻게 보내느냐에 따라 삶은 달라진다. 환경의 변화, 독서, 바인더를 쓰면서 시간 관리를 시작했고 이후 다른 삶을 살 수 있었다. 시간을 관리해야 하는 이유는 시간은 부족하고 할 일은 많기 때문이다. 할 일이 많을수록 시간 관리는 중요하다. 시간은 필요하다고 살 수도 없고 빌릴 수도 없다. 시간 관리는 필수다. 아무리 중요하다고 해도 동기부여가 되지 않으면 시간 관리가 쉽지 않다. 환경이 중요하다. 환경은 내가 바꿀 수 없다면 환경이 되어 있는 곳을 찾는 것이 좋다.

일이 파도처럼 몰려올 때 바쁘게 쫓기듯 살아가는 것은 시간의 노예다. 시간의 노예는 성장이 없다. 어제와 같은 삶을 살아가지 않기 위해 독서를 하고 바인더를 기록했다. 또 좋은 사람들이 모여 있는 곳을 찾아다니며 공부했다. 지금 불편한 것들이 시간이 반복됨으로써 쉽고 편해졌다. 해뜨기 직전이 가장 어두운 것처럼 당장은 힘들 것 같은 시간 관리가 어제와 다른 삶으로 안내한다.

내 인생의 후반부에서야 깨달은 진리가 있다. 시간은 누구에게나 공평하게 주어지지만, 그 시간을 어떻게 활용하느냐는 온전히 나의 선택이라는 것이다. 삶에서 혼자 울며 지새운 많은 날이 있었지만, 그 시간조차도 내게는 소중한 배움의 순간이었다. 지금 이 순간, 당신이 무엇을 하고 있는지 한번 돌아보자. 그것이 당신의 미래를 만들고 있다. 오늘 심은 시간의 씨앗이 내일의 풍요로운 열매로 돌아올 것이다. 시간의 노예가 아닌 주인으로 살아갈 때, 비로소 삶은 우리가 원하는 방향으로 흘러가기 시작한다.

1-3

결혼의 흔적
(구미옥)

    함양 시골 큰집에 가면 언제나 대청마루 벽에 걸린 네모난 벽시계가 나를 반겨준다. 3~4년 전부터 바탕 색깔이 노랗고 가장자리가 녹이 슬어 작동할까 걱정이 되어 보였던 시계가 보이지 않는다. 형님께 물어보니 30여 년간 잘 돌아가더니 시계 전지 연결 부분이 녹슬어 작동되지 않아 매주 동네 어귀에 고물을 사러 오는 사람에게 주었다고 한다.

    이 시계는 남편 회사 동료, 친구들이 결혼 선물로 받은 많은 선물 중의 하나였다. 그 당시에는 결혼하면 대부분 친척, 친구들, 회사 동료들을 집으로 초대, 음식을 직접 만들어 손님맞이 집들이를 많이 했다. 요즈음 신혼부부들은 각자 직업이 있다 보니 바쁘고 외식 문화가 발달되어 거의 손님들을 밖에서 초대해 식사하는 경우가 대부분이다. 집들이 손님들은 시계를 시계를 신혼집 선물로 많이 갖고 왔다. 뻐꾸기 벽시계, 알람시계, 벽시계 등. 지금 기억으로 대여섯 개쯤 받았던 것 같다. 우리 집에 안 어울리고, 사이즈가 큰 벽시계를 시골집에 주었다.

　부산에서 승용차로 남해고속도를 달러 휴게소도 쉬지 않고 진주에서 대전 고속도로로 들어간다. 산청, 생초로 접어들어 10여 분 달리면 지리산으로 들어가는 마천면 삼거리가 나온다. 삼거리에서 오른쪽으로 함양읍 도로 표지판이 보인다. 이 길을 5분 정도 달리면 '회동'이라는 버스 정류소가 나온다. 정류소 옆길로 포장된 새 도로로 가다 보면 높은 산 밑에 20여 가구 집들이 옹기종기 모여 있다. 10년 전만 하더라도 겨우 승용차 한 대 지나다닐 도로였으나 3년 전 옛 도로 옆 논 일부를 2차선 도로에 편입 확장되었다. 승용차 두 대가 지나다닐 수 있다. 아스팔트 포장된 도로 옆 논들은 철 따라 자기 몫을 다하고 있다. 봄에는 모내기 벼, 여름에는 푸른 곡식이 알알이 열리고, 가을에는 벼가 고개를 숙인 채 수확을 기다리고 있는 모습이 펼쳐진다. 겨울에는 황량한 벌판에 흰색 비닐로 싸인 볏단들이 지리산 찬바람을 맞으며 서 있다. 마을 입구 농가 축사를 지날 때마다 참을 수 없는 냄새가 코를 찌른다.

　길옆 몇 농가를 지나면 마을 회관 앞 이 마을 수호신처럼 20m 높이의 우람한 느티나무가 반겨준다. 마을 뒤 산, 왕산 아랫자락에 위치한 시부모님 산소는 마을의 식수원인 저수지를 마주 보고 있다. 음력 4월 시아버지 제사 때면 들판 주변 야산에 철쭉과 참꽃이 만발했고 어머님 주기 때는 산소 주변 밤나무, 떨어진 감을 주워 먹는 재미도 좋았다.

내가 40여 년 전 남편 아버님 문상으로, 고향인 이곳을 방문했다. 결혼도 하지 않은 처녀가 버스를 세 번이나 갈아타고 산 넘고 물 건너 남편 집을 방문했다는 사실이 지금도 생각하면 부끄럽고 내가 용감하기도 했다. 남편의 학교 후배인 회사 동료가 소개, 몇 번 데이트한 사이였다. 후배가 선배 아버님 상을 당했다고 하면서 나보고 꼭 가보라 부추겼다. 아마 나도 싫지 않았던 것 같다. 지금은 8차선 남해고속도로이지만 그때는 4차선이었다. 요즈음 승용차로 가면 2시간 30분, 그때는 버스로 움직이면 5시간이나 걸리는 함양, 산청 오지 중의 오지였다. 특히 명절 때면 지금도 8차선 도로도 무용지물 진주 나들목부터 부산까지 2시간 반이 걸린다.

결혼하고, 두 아이를 낳고, 명절, 기제사를 지내기 위해 시골 큰집을 방문할 때마다 벽시계가 나를 반겨준다. 7년 반 동안 남편 직장으로 해외 살다 귀국 후 시골집을 갔을 때도 대청마루 벽 위에서 "어이쿠 오랜만이다. 잘 살고 왔느냐"라고 묻고 있는 것 같았다. 자가용이 없던 시절 큰아이는 걸리고, 작은 아이는 업고, 가방 하나 들고, 사상시외버스터미널에서 진주, 함양읍, 함양군 유림면 회동 큰집에 도착할 때까지 '난 왜 이리 멀리 시집왔지?' 뭔가 홀린 듯 시집에 다니곤 했다. 남편은 명절이나 주말에 바쁜 여객기 운송회사에 재직 중이라 남들이 쉬는 시간에 바빠 같이 시골을 가기가 힘들었다. 내가 먼저 가 있으면 명절 전날 밤늦게 또는 명절 새벽에 도착하곤 했다. 작은아이 2살 때 남편의 해외 발령은 이제 시골 가지 않아도 되겠다는 해방감 그 자체였다. 그 당시 해외 발령은 주변의 부러움을 샀지만 시골 안 가는 게 더 좋았다.

나는 외할머니가 돌아가실 때까지 방학 때면 버스 타고 언양 외가댁을 자주 가곤 했다. 아마 대학교 2학년까지였던 것 같다. 그래서 어느 정도 시골 생활은 잘 알고 있었다. 하지만 내가 우물에서 물 길어 부엌에서 설거지하고 장작으로 밥 지으니 힘들었다. 함양 시집은 멀고 교통도 불편했다. 더 힘든 것은 대가족이었다. 큰집 조카만 5명, 이웃에 살던 당숙 식구까지 합하면 명절 제사 마당에 멍석 깔고 50여 명 제주들이 모여 제사를 지냈다.

집안의 막내아들로 자란 남편은 큰형이 시골에 정착하며 대학까지 공부시켜 주었다고 부모님이 돌아가신 후 큰집 모든 대소사에 우선순위를 두는 가부장적, 보수적 남편이었다. 그렇다고 우리 집을 소홀히 하는 것 아니었지만 두 딸을 데리고 박봉으로 살아가는 나에겐 이해할 수 없는 삶이었다. 문화와 생활 습성, 특히 가족에 대한 가치관이 다른 도시 여자가 서부 경남 골수 남자를 만나 공동생활의 문화적 충격을 극복하고 동화되기까지 시계는 나를 묵묵히 지켜보았다. 형님은 그런 나에게 부엌일, 농사 거들기 등의 힘든 일은 시키지 않았다. 주로 설거지, 심부름 등을 도맡아 했다. 형님은 시계처럼 매일 새벽에 일어나 농사일의 고된 생활을 견디며 묵묵히 집안 대소사를 돌보며 이 세월을 견디셨다. 이제는 고된 농사일로 허리가 꼽추처럼 되어 버린 형님과 아주버님을 보며 시계와 같이 흐른 세월의 흔적을 본다. 인고의 세월은 5명의 자녀를 훌륭히 키우셨다. 조카들도 방학이나 휴가 때면 꼭 집에 와서 부모님을 도왔다. 명절이나, 제사 때도 일 못하는 작은엄마를 대신해 음식 만드는 것도 잘 도와주었다. 내가 일 년에 애들 데리고 몇 번밖에 시골을 방문하지 않았지만 집안을 위해 희생하는 대가족을 보고 자란 우리 애들은 항상 남을 배려하고 모나지 않는 인성을 가졌다. 이것은 대학을 졸업하고 힘든 사회생활도 잘 이겨내고 사회로부터 인정받는 초석이 되었다.

언제나 나를 기다린 시계는 세월과 함께 수명을 다하고 없어졌다. 나 또한 녹록지 않은 결혼 생활을 잘 이겨내고 인내하는 삶을 갖게 되었다. 시계는 변함없이 우리 가족과 나를 지켜준다. 내 결혼 생활과 함께 마음속에 남아 있다. 묵묵히 자기 역할을 다하고 삶을 다할 때까지.

1-4

멈춘 시간
(권은주)

    25세 어린 신부는 무엇이 그리 좋았을까? 4년간 교제한 남편과 결혼 선언을 하고 3개월 만에 준비를 마쳤다. 고된 근무로 시간은 부족했고, 예행연습 할 시간도 없이 식장에 들어섰다. 시부모님께서 둘째 아들 취직과 함께 당신들의 숙제를 마무리하려는 계획에 적극 동참한 결과였다. 드디어 결혼식 날, 남편이 먼저 입장하고 어린 신부의 차례가 되었다. 부끄러움 반, 설렘 반으로 아빠 손을 잡는 그 순간, 온 우주가 진동하고 있었다. 말로 표현한 적 없던 아빠의 사랑이 손끝을 통해 떨림으로 전해지고 있었다. 그때는 미처 몰랐다. 오랜 시간 아빠의 사랑으로 기억될 시간일 줄. 사위에게 딸의 손을 넘겨주는 아빠의 심정은 어떠했을까? 상상할 수 없어 어린 신부는 눈물만 흘렸고, 온 우주의 떨림에 대한 딸의 대답은 울어서 빨갛게 되어버린 딸기코 신부 사진으로 남았다.

    누구에게나 그렇듯 아빠는 이 세상에 가장 멋진 방공호였다. 25

년 전 응급실에서 근무할 때였다. 새벽 2시쯤, 술에 취한 중년여성이 코뼈가 부러져 CT를 찍어야 했다. 과잉 진료라고 CT 촬영을 거부하며 의료진에게 화를 냈다. 진료 거부하는 환자에게 의사는 항생제만이라도 맞고 가라며 퇴원 지시를 냈다. 환자가 꽉 차서 누울 자리가 없으니 앉아서 주사를 맞아야 한다고 말했다. 그 순간, "어디 환자를 앉혀서 주사를 주냐?"라며 사정없이 뺨을 내리쳤다. 들고 있던 약물 트레이는 영화의 한 장면처럼 날아가고 안경은 벗겨져 땅에 떨어졌다. 곧장 경찰이 출동하고 상황은 정리됐지만, 밤 근무 대신 경찰서에서 피해자 진술서를 작성해야 했고, 고도 근시여서 안경 없이는 한 치 앞도 볼 수 없는 나는 울면서 응급실로 돌아왔다.

아빠는 그 새벽 한걸음에 달려오셨고, 울고 있는 딸을 달래며 안경을 전해 주셨다. "울지 말고 마무리 잘해라"라고 별말 없이 뒤돌아가셨다. 다시 밝은 세상을 얻은 나는 눈물을 닦고 남은 근무시간 동안 환자를 간호했다. 먼 훗날 시간이 지나 알게 되었다. 같이 온 남동생이 말하길, 아빠는 그 길로, 파출소로 달려가 가해자를 찾았고, 안경에 대한 피해보상 없이 즉결심판 5만 원으로 끝내고 사건을 마무리한 것에 대해 경찰에게 강력히 항의하셨다고. 하지만 퇴근하고 돌아온 나에게는 "은주야! 살다 보면 중도 보고 속도 본다."라며 이해할 수 없는 말만 하셨다. 이제는 그 말을 이해하는 나이가 되었을까?

　세월이 지나면 좀 수월해지려나 기대했건만 인생에 불어오는 바람은 점점 더 거세다. 그럴 때면 아빠가 더 보고 싶다. 아빠도 이렇게 힘드셨을까? 어떻게 무너지지 않고 이 힘든 짐을 지고 버티며 가족을 지키셨을까? 7년 전, 아빠는 어려운 시절 부모 공양하고 자식들 돌보느라 고생만 하시다가 혈액암 투병 끝에 우리 곁을 떠나셨다. 한 번도 무너진 모습을 보여주지 않은 가장은 아파도 자식 앞에서는 울 수 없었다. 3년간의 항암치료도, 조혈모이식을 위한 골수 채취도 전신방사선도 모두 다 이겨내셨다. 오직 가족을 위해 그 힘든 과정을 버텨내셨다. 하지만 운명은 더 이상 우리가 함께하는 것을 허락하지 않았다. 편대 숙주 이식 반응으로 갑자기 패혈증이 왔고, 마지막까지 고통스럽게 치료받다 돌아가셨다. 중환자실, 아빠의 고통 소리가 있는 그곳은 생지옥이었다.

　돌아가시기 직전 사위에게 "이 모든 것들을 자네에게 맡기고 떠나는 것 같아 미안하지만, 잘 부탁하네!"라고 말씀하시는 아빠의 눈빛은 아직도 잊을 수 없다. 책임감 강한 남편은 아빠의 젊은 시절 모습 그대로 무거운 완장을 이어받아 그렇게 이 시절의 아버지가 되었다. 나의 우주가 멈춘 시간, 아빠는 우리의 가슴속 깊이 큰 별로 박혔고, 내 마음속 시간은 멈춰버렸다. 너무나 행복하게, 너무나 가슴 아프게……. 아직도 아빠라는 단어만 나오면 수도꼭지를 튼 것처럼 눈물이 흐른다.

하지만 세월이 약이라고 했던가! 삶이 고달픈 이유는 더 큰 고통을 잊기 위해서인가? 정신없이 하루하루를 살아내다 보면 그 하루가 피멍 든 아버지의 마지막 모습을 애써 덮어준다. 온 세상을 다 줄 것 같은 부모의 마음으로 올해도 어김없이 봄이 찾아왔다. 그리고 사계절 내내 아빠를 그리워할 딸을 위해 순백의 목련, 만개한 벚꽃, 와인 향 장미, 따사로운 국화로 대신 소식을 전해 주셨다. 하지만 앙상한 가지만 남은 겨울엔 아빠가 더욱 그립다. 미처 보지 못하던 가장의 무게가 보여 괜스레 가슴 한편이 시리고 코끝은 붉어졌다. 살아계셨더라면 이토록 그리운 딸의 사랑을 전할 수 있었을까?……

아직도 배워야 할 것들이 많은가 보다. 삶은 언제나, 혹독한 스승처럼 나를 가르친다. 애써 가슴 깊이 묻어둔 멈춰버린 시간이 벌컥 문을 열고 쏟아져 나온다. 생의 끝자락에서 눈빛으로 이별을 고하던 환자들. 그리고 가족을 위해 묵묵히 살아내다 조용히 떠난 〈폭싹 속았수다〉의 관식처럼. 그럴 때마다, 나는 내게 묻는다. '후회 없이 살고 있는가? 지금, 이 순간은 진심인가?' 다시는 사랑하는 이와 함께할 수 없는, 멈춰버린 시간이 서럽게 흐른다. 세월이 흘러

중년이 된 지금도, 나는 여전히 아빠 손을 꼭 잡고 있던 그 어린 신부 그대로다. 소중한 시간을 가슴 깊이 품은 채로.

1-5

시간은 사랑을 이해하게 한다
(서정혜)

"우리 딸, 오늘은 갑자기 생각이 나네. 주말에 와. 맛있는 밥 차려줄게."

엄마에게 전화가 왔다. 다정한 목소리가 들리는 순간, 나는 몇 번이나 "엄마, 무슨 일 있는 거 아니지?"라고 되물었다. 평소 엄마는 특별한 일이 있지 않으면 전화를 하지 않는다. 나도 그렇다. 경상도 집안의 무언의 룰─전화는 꼭 용건이 있을 때만 거는 것─을 우리는 어릴 때부터 자연스레 배워왔다. 게다가 엄마 집은 지하철 두 정거장 거리다. 가까이 있어 언제든 갈 수 있다는 생각은 오히려 전화를 덜 하게 만들었다.

얼마나 연락을 안 했으면, 가끔 엄마는 "이 무정한 년아, 니는 우째 이리 정이 없노. 엄마가 살았는지 죽었는지 걱정도 안 되나?" 하고 전화기 너머로 고함을 지르신다. 그러면 나는 늘 "엄마, 미안해요. 앞으로 자주 전화할게요."라며 말하고는 며칠 동안 매일 전화를 한다. 그 며칠이 지나면 다시 조용해진다.

엄마가 전화를 거는 건, 무슨 일이 생겼을 때다. "너거 아부지가 바람이 난 것 같다."로 시작되는 전화를 받았을 땐, 심장이 쿵 내려앉았다. "너거 아부지가 웬 여자랑 돌아다니는 걸 누가 봤단다. 어제는 돼지갈비집에서 다정하게 밥 먹는 걸 동네 친구가 봤다더라."는 말에 이어, 쉴 새 없이 아버지 욕을 쏟아내셨다. 엄마 집에 찾아가면 상황은 더 심각했다. 나를 방에 앉혀 놓고 몇 시간이고 아버지 험담을 하셨다. 정작 아버지에게는 말 한마디 못하면서, 그 모든 분노를 나에게 퍼부었다.

엄마와의 대화는 늘 두려움이었다. 그녀의 입을 통해 듣는 아버지 이야기는 나를 증오로 몰아넣었다. 어린 나는 엄마의 말을 곧이곧대로 믿었고, 아버지를 형편없는 사람이라 여겼다. 사실 부모님 사이가 좋을 때도 많았다. 하지만 엄마는 좋은 기억은 말하지 않았다. 갈등이 생길 때마다 아버지 이야기를 꺼냈다. 경상도 남자로 말수가 적은 아버지와 나는 제대로 된 대화를 나눠본 적이 없었다. 그의 이미지는 모두 엄마의 말로 만들어졌다. 그렇게 내 안에 남은 건, 나쁜 아버지의 그림자뿐이었다. 시간이 한참 흐르고 나서야, 엄마의 말이 전부 진실은 아니라는 걸 깨달았다. 절반은 과장

된 상상이었고, 어느 정도는 감정이 만들어낸 각색된 이야기였다.

나의 학창 시절 내내 엄마는 노름에 빠져 있었다. 살림은 제쳐두고 매일 하우스에 드나들었다. 나름 타짜라고 말했지만, 그런 곳에서 돈을 벌 수는 없다. 돈을 따면 주변 사람들에게 한턱 쏘고, 잃으면 그 자리에서 빚을 지게 된다. 노름방에서는 끝없이 사채를 빌려준다. 엄마의 빚은 눈덩이처럼 불어났다. 빚쟁이들이 집을 찾아오며 아버지도 그 사실을 알게 되었다. 부모님의 싸움은 날로 더 격해졌다. 고등학교 시절, 나는 엄마의 부재와 부모님의 고함 소리 속에 늘 불안했다. 어린 마음에, 그 시간들은 끝나지 않는 겨울 같았다.

직장에 다니기 시작하면서, 몇 년 동안 내 월급은 고스란히 엄마의 빚을 갚는 데 흘러갔다. 첫 월급은 100만 원이 채 되지 않았지만, 나는 매달 꼬박꼬박 적금을 부었다. 만기도 되기 전에 엄마가 울며 찾아왔다. 빚쟁이들이 문 앞까지 왔다며, 적금을 깨달라고 애원했다. 마지막일 거라 믿으며 은행에서 적금을 해약해 드렸다. 그러나 그게 시작이었다. 해마다 몇 번씩 반복된 노름빚 애원. 나는 적금뿐 아니라 대출까지 내며 엄마의 빚을 갚았다. 엄마에게서 오는 전화는 항상 울고 불며 절박하게 돈을 애걸하는 전화였다. 엄마의 전화가 무서웠다. 사랑이 아닌 채권자의 목소리로 느껴졌다.

몇 년간의 빚잔치가 끝난 후, 다시 엄마에게서 전화가 왔다. "너거 아부지가 춤바람이 났다."라는 말로 시작된 전화였다. 긴 욕설을 듣고 나면, 나는 마치 온몸을 두드려 맞은 것처럼 녹초가 되었다. 너무 지긋지긋해서 어느 날은 이렇게 쏘아붙였다. "엄마는 아버지를 아직도 사랑하나? 춤 좀 추면 어떻고, 바람 좀 나면 어때요?" 나는 엄마의 욕받이였고, 엄마 목소리는 고통의 신호였다.

이제 아버지는 치매에 걸려 집에만 누워 계신다. 댄스 클럽은커녕 외출도 어렵다. 엄마는 그런 아버지를 보며 이제 와서 산책이라도 하라, 춤이라도 다시 추라고 말한다. 아이러니하게도, 그 사교댄스 덕분에 아버지는 몇 년간 건강을 유지했었다. 지금도 엄마의 전화가 오면 나는 심장이 먼저 뛴다. '이번엔 또 무슨 일일까.' 싶어 숨부터 죽인다. 사랑을 담은 전화가 어색하다. 엄마는 자신이 하나뿐인 딸에게 얼마나 많은 상처를 주었는지 알지 못한다. 내가 왜 엄마에게 자주 전화를 하지 않는지도 이해하지 못한다. 그저 무정한 년이라 말할 뿐이다.

지난 주말, 엄마 집에 갔다. 엄마는 나를 꼭 안고 말했다. "딸아, 사랑한다." 순간 눈물이 핑 돌았다. 고마웠다. 엄마에게 받았던 고통과 불안이, 그 말 한마디에 날아가는 것 같았다. "엄마, 사랑해요." 엄마를 꼭 안았다. 엄마는 두릅, 엄나무순, 머위잎, 미나리 등

다양한 나물로 한상을 차려 주셨다. 허리띠를 풀고 엄마 밥을 마음껏 먹었다. 다 먹지 못한 반찬은 전부 싸주셨다. 엄마는 음식을 통해 대화한다. 미안함도, 섭섭함도, 고마움도 다 음식에 담는다. 나물 하나하나에 엄마의 마음이 무쳐져 있고, 생선 한 토막에도 세월이 절여져 있다. 나는 엄마 밥을 먹으며 시간이 만든 상처를 다시 씹고 삼키며 엄마를 용서하고, 이해하고, 사랑했다.

그토록 피하고 싶던 엄마의 전화는, 사실 '보고 싶다'는 오래된 말의 다른 이름이었다. 나는 너무 늦게 그 말을 알아들었다. 이제야 엄마가 아닌 나 자신도 조금씩 용서하게 되었다. 말보다 먼저 위로가 되는 건 늘 따뜻한 밥 한 끼였다. 씹고 삼키는 동안 오래된 상처는 천천히 녹아내렸다. 시간은 때로는 무정했지만, 시간이 지나서야 이해할 수 있는 사랑도 있었다. 사랑은 때로 너무 서툴고, 너무 늦게 도착한다. 하지만 시간이 흐른 뒤에야 비로소 보이는 사랑도 있다. 누군가는 눈물로, 누군가는 밥상 위의 나물로 마음을 전한다. 이해하지 못했던 그 모든 말과 행동의 결은 시간이 지나고 나서야 비로소 느껴진다. 그 모든 사랑이 서툴렀지만, 그럼에도 사랑이었다는 것을.

1-6

나의 하루를 오롯이
내 것으로 만드는 방법
(양미란)

 늦은 밤, 잠을 청하려고 누우면 갑자기 시계 소리가 '째깍-째깍' 크게 들린다. 낮에는 전혀 들리지 않던 시계 소리가 밤이 되면 선명하게 느껴진다. 마치 밤이 되어야만 그 소리가 들리는 것처럼······.

 밤마다 자리에 누우면 신경이 쓰이는 시계 소리 때문에 한동안 밤잠을 설쳤다. 얼마 전에서야 무음 시계로 바꿨지만, 습관처럼 굳어진 불면의 밤이 이어지면서 지나온 시간을 반추하는 시간은 조금씩 더 길어졌다.

 어렸을 때는 '왜 그렇게 느리게 시간이 흐를까?' 생각했었다. 그런데 나이가 들수록 점점 시간이 빠르게 지나가는 것처럼 느껴지는 것은 왜일까? 나도 모르게 시간을 도둑맞은 것처럼 쏜살같이 흘러간 세수(歲數)가 벌써 40하고도 후반에 접어들었다. 나이 탓일까?

잠깐 뭘 하다 보면 한 시간 정도는 눈 깜짝할 사이에 흐르고, 늦잠이라도 잔 날은 한 것도 없는데 하루가 그냥 지나버린 것 같아 아쉬움을 느끼곤 했다.

그래서 하루를 알차게 보내는 방법을 찾게 되었다. '아침이 있는 삶'을 위해 가능한 한 아침 6시 반에 일어나야겠다고 마음먹었다. 하지만 막상 실천하려니 현실적으로 쉬운 일이 아니어서, 작은 실천의 한 가지 방법으로 얼마 전부터 '아침에 일어나자마자 바로 걷기'를 시작했다. 처음에는 1시간 정도 걷는 것으로 출발했는데, 매일 같은 시간에 걷다 보니 점차 그 습관이 몸에 배었다. 걷기가 힘들 때도 있었고, 그만두고 싶을 때도 있었지만, 어느덧 걷는 것이 나의 일상이 되었다. 함께 걷는 지인 덕분이다. 좋은 계획도 혼자서는 나태해지기 쉬워서 실천이 어렵지만, 약속을 정해놓으면 지인에게 미안해서라도 제시간에 일어나게 된다. 함께 걷기 시작한 지 몇 개월이 채 안 되었지만 그래도 꾸준하게 실천하는 중이다. 매일 걷게 되면서 아침을 더욱 활기차게 보낼 수 있게 되었고, 오전 시간도 여유를 가질 수 있게 되었다. 처음에는 일찍 일어나 걷는 것이 귀찮고 힘들게 느껴지기도 했지만, 어느덧 그 시간은 내 삶의 중요한 활력소가 되었다.

오전 시간을 알차게 보내고 싶지만, 가끔 원하는 대로 되지 않을 때는 아침 식사 후 일부러 외출 준비를 한다. 이 시간에도 약속이 있다면 게으름을 피울 수 없겠지만, '아침에 걷는 것'처럼 매일 약속을 잡을 수는 없다. 그래서 약속이 없는 날에는 가까운 도서관을 이용한다. 요즘은 도서관의 책걸상이나 휴게 공간의 편의 시설들이 잘 갖춰져 있어서 누구나 쾌적하게 이용할 수 있다. 온도가 적당하고 조용해서 아늑한 도서관은 알차게 오전을 시작하기에 좋은 곳이다. 특히 무엇보다도 항상 날 기다려주는 친구처럼 그 자리에 있는 책들이 내 마음을 편안하게 해준다. 도서관에 갈 때마다 항상 내 친구들이 그렇게 많이 있다는 사실을 새삼 깨닫고 마음이 흐뭇해진다. 처음에는 친구들의 이름표를 한참 쳐다보다가 그중의 몇 친구들을 골라 그 친구들의 자기소개서 같은 목차를 훑어본다. 처음 한두 페이지가 흥미롭게 느껴지면 그 친구와 계속 대화하게 된다. 친구들과 대화하면서 내 사고의 지평이 확장되는 느낌이 들고, 새로 사귄 친구의 집을 방문하는 기분도 마음껏 즐겨본다. 집 근처에 도서관이 있어서 자주 이용할 수 있다는 것은 나에게 참으로 고마운 일이다. 도서관에서 보내는 오전 시간은 아침 운동 후에 찾아오는 피로와 나른함에서 벗어나게 해주고, 활기찬 오후를 시작할 수 있도록 만들어준다. 오전 시간을 운동과 독서로 보내고 나면 마치 부자가 된 듯 가슴이 뿌듯해지고, 마음의 소비와 지출이 많아지는 오후 시간이 두렵지 않다.

요즘은 햇살이 너무 고마운 존재로 다가온다. 봄볕의 햇살이 가득한 오후는 내 마음까지도 따뜻하게 해준다. 어느새 초록빛 옷으로 갈아입은 키 큰 나무들 사이에서 햇살을 받고 있으면 마치 나도 나무가 된 양 잠시 모든 것이 멈춘 것 같은 기분이 든다. 추운 날씨를 좋아하지 않는 나는, 맑은 하늘 아래에서 햇살을 받으며 걸을 수 있다는 것이 정말 즐겁고 고맙다. 혼자 걷든, 함께 걷든 맑은 하늘 아래의 햇살은 언제나 고맙다. 햇살을 맘껏 받으며 시간을 보내다 보면, 시간이 흐르지 않고 이대로 멈췄으면 좋겠다는 생각이 들 때도 있다. 이런 느낌은 내가 좋아하는 카페에서 차를 마시며 친구들과 수다를 떠는 시간에는 경험할 수 없었던 힐링의 감정이다.

주말에는 가까운 산에 오르기도 한다. 집에서만 주말을 보내면 시간이 너무 아깝다는 생각이 들어서다. 그래서 비가 오지 않는 한 산행을 실천하기로 했다. 처음에 혼자 산행을 시작했을 때는 조금 무섭고 걱정되기도 했지만, 시간이 지날수록 혼자 하는 산행에서 큰 성취감을 느낄 수 있었다. 산에서 바람과 햇살을 맞으면서 걷다 보면, 자연 속의 나 자신을 발견하는 시간을 가질 수 있고, 흐트러졌던 마음의 질서가 차분하게 정리되는 느낌을 얻을 수 있다. 아름다운 자연의 품 안에서 보내는 시간은 내 마음을 편안하게 만들어, 상쾌한 힐링의 행복감도 맛보게 해준다. 4계절의 변화가 선사하는 자연의 풍경도 역시 고마운 일이다. 누군가에게는 어제와 다른 오늘이 있다는 것이 큰 위안이 될 수 있다는 것을 나는 안다. 힘들었던 어제는 아침이 되면 어둠과 함께 사라지길 바라던 때가 나도 있었다. 하지만 때로는 눈 부신 햇살이 쏟아지는 하산 길에서, 이대로 시간이 멈췄으면 좋겠다는 생각이 들곤 한다. 물론 시간이 나만 위해 멈춰 서는 일은 없을 것이고, 그 사실을 잘 아는 나는 하산 후 다시 마주칠 현실 속의 내 존재와 대면할 준비를 하게 된다.

푸른 하늘 아래 맑은 바람과 눈 부신 햇살을 마음껏 즐길 수 있는 이 계절이 나는 정말 고맙다. 초록빛 보리밭과 진홍빛 영산홍 꽃잎이 이렇게 아름다웠던가 생각해볼 수 있는 이 계절이 정말 소중하다. 바람, 햇살, 비, 눈 등 모든 자연의 변화도 나는 고맙다. 어제와 다른 오늘, 그리고 오늘과 다른 내일이 있을 것이라는 믿음은 오늘의 나에게 위안이 될 수 있다고 믿는다. 시간은 계속 흘러가지만, 나의 어제는 또 다른 오늘로, 언제나 현재진행형이다. 나의 오늘을 오롯이 내 것으로 만드는 능력은 내 삶의 큰 자산이 될 것이라고 믿는다.

1-7

상처가 선물이 되는 시간
(이명숙)

 시계는 언제나 똑딱똑딱, 쉬지 않고 움직인다. 초가집 마루에 걸려 있던 벽시계가 똑딱똑딱 소리를 내며 집 안을 울렸다. 커다란 밥주걱 같은 추가 흔들릴 때마다 조용한 집에 선명하게 소리가 들렸다. 가족이 모여 있으면 시계 소리가 묻히기도 했지만, 그 소리는 멈추지 않고 흘렀다. 매 순간 우리에게 시간이 흘러가고 있다는 것을 알려주면서.

 나는 책을 처음 쓴다. 쓰면서 알게 되었다. 단순히 흘러가기만 하는 시간, 시계가 말하는 숫자로만 계산되는 시간은 삶을 변화시키지 못한다는 것을. 진정한 시간은 보이지 않는 곳에서 조용히 나도 모르게 천천히 나를 변화시켜 왔다.

 나는 시간을 미워했다. 시간은 잊어버리는 거라고, 지나가고 난 후 되돌릴 수 없는 것이라고만 생각했다. 이런 생각이 나를 더욱 조급하게 만들고, 현재를 제대로 살지 못하게 했다.

시간은 흩어져버리지 않고 쌓인다. 나이테처럼, 한 해 한 해가 나무의 몸통을 두껍게 만들듯이, 우리가 살아내는 매 순간들이 우리의 내면을 단단하게 만든다. 아픔도, 기쁨도, 평범한 일상도 모두 우리를 성장시키는 양분이 된다.

아버지와 어머니는 아버지의 고향인 경북 영천에서 결혼하여서 사셨다. 일도 없고, 살기가 막막해서 부산으로 내려오게 되었다. 동래 산성 고모할머니 집에 잠시 머물다가 장전동산과 인접한 곳에 조그마한 방 한 칸을 얻어 살게 되었다. 아버지는 낮에 막노동을, 어머니는 공장에 다니셨다.

얼마 있지 않아 내가 태어났는데, 집에 먹을 것이 너무 없어서 어머니가 실신하였다고 했다. 동네 사람들이 그런 모습을 안타까워하며 부엌에 군불을 많이 지펴주었는데, 방이 너무 뜨거워져 겉싸개가 타는 바람에 나는 온몸에 화상을 입었다. 돈이 없던 아버지는 걸어서 한 시간 거리에 있는 약국으로 가서 간신히 화상약을 구해 내 몸에 발라주셨다. 아기였던 나는 계속 울기만 했고, 그 화상 자국은 지금도 내 엉덩이와 발뒤꿈치에 남아 있다.

그 이후로 나는 자주 기절하곤 했다. 밥을 먹다가도, 앉아 있다가도 정신을 잃었다. 부모님은 늘 걱정이 많으셨고, 여러 병원에 다녔지만, 뚜렷한 병명을 알 수 없었다. 그러다 보니 동생들보다 나에 대한 애정이 남달랐다. 아버지와 나머지 식구들의 밥상 차림이 달랐다. 나만 맛있는 반찬이 많은 아버지 밥상에서 밥을 먹었다. 고모와 삼촌이 다 있어도 나만 아버지와 같이 밥을 먹었다. 부모님이 어디를 다녀와서도 나에게만 소꿉놀이 장난감을 사주셨다.

초등학교 1학년 때는 학교에 며칠만 갔고, 2학년 하반기부터 정식으로 학교를 다니기 시작했다. 한 번씩 몸 상태가 안좋으면 학교를 가지 않는 날도 많았지만 그래도 학교를 가려고 노력을 하였다. 6학년 때 집 근처 초등학교가 생겨서 전학을 갔다. 겨울방학에 담임선생님이 환경정리를 한다고 친구들을 데리고 오라 했다. 그때만 해도 전화도 안 되는 시절 학교에서 30분 거리에 있는 친구 집으로 가던 중 갑자기 쓰러졌다. 눈을 뜨니 병원이었다. 다음 날 학교에 갔더니 선생님은 친구들에게 학교를 위해서 일을 시켰는데 선생님을 망신을 주었다고 이야기를 했다. 일부러 그런 것도 아니었는데.

중학교 1학년 때도 상황은 비슷했다. 아침 전체 조례시간에 친구들과 후배 선배들이 모두 줄을 서 있는데 난 갑자기 한번씩 기절했다. 될 수 있는 한 조례시간에 운동장에 나가지 않으려는 마음도 생겼다. 담임 선생님도 내가 운동장에 나오지 않았으면 하는 눈치였다. 좋은 병원과 한의원, 물리치료하는 곳까지 안 가본 곳이 없을 정도로 부모님이 신경을 많이 쓰셨지만 병명은 나오지 않아 답답해 하셨다. 그러던 중 어느 대학병원에 신경과 의사 선생님이 "이 병은 크면 괜찮아질 것입니다"라고 말했다.

나는 인문계 고등학교에 가고 싶었다. 성적이 되지 않아서 여자상업고등학교를 가게 되었다. 사회성이 부족했다. 낯가림이 심했고, 부끄러움도 많았다. 언제나 한두 사람과 겨우 대화를 나누곤 했다. 책 읽는 것도 어려웠다. 수업 시간에 글을 읽으라고 하면 긴장해서 문장의 앞뒤가 뒤섞였고, 마음만 앞서 빨리 읽으려다 오히려 제대로 읽지 못했다. 미리 연습해도 긴장과 실수를 반복했다. '이 부끄러움은 언제 없어지나' 하는 생각을 많이 했다.

화상 때문인지 너무 많은 것을 잃어버렸다고 스스로 비관했다. 내 성격과 인격이 다른 사람들에게 무시당하는 것만 같았다. 목욕탕에 가는 것도, 사람 많은 곳에 가는 것도 늘 부끄러워 피해 다녔다. 이런 시간을 어떻게 견뎌야 할지 알 수 없었다.

나는 이제야 알게 되었다. 시계가 아무리 똑딱거리며 시간을 재촉해도, 삶은 그만큼 빠르게 달려가지 않는다는 것을. 진정한 시간은 흘러가기만 하는 시간이 아니었다. 부모님의 애정과 이웃들의 따뜻한 손길들이 가득했던 내 일상, 그 모든 것이 천천히 스며들어 내 삶을 키워온 진짜 시간이었다. 어린 시절 나를 아프게 했던 화상, 쓰러짐, 부끄러움은 오히려 시간이 지나며 나를 더 단단하게 만들었다. 만약 그 시간을 피하거나 원망 속에만 머물렀다면, 나는 여전히 그 자리에서 멈춰 있었을 것이다. 텃밭의 씨앗처럼, 보이지 않는 시간 속에서 싹을 틔우고 뿌리를 내리고 있었다.

모든 시간은 성장의 밑거름이 된다. 기계적 시간처럼 하루하루를 흘려보내기보다, 내가 살아내는 순간순간을 의미 있게 채우는 것이 진정한 시간의 가치라는 사실을 조금은 알 것 같다. 글을 쓰지 않았다면 내 안에 상처로만 남았을 이야기들. 그것을 토해내고 나니, 비로소 숨통이 트였다. 살아낸다는 것, 그 자체가 세상에서 갚장 힘든 일이라지만 이렇게라도 견뎌낸 나를 조금은 안아주고 싶다. 살아내는 일이 세상에서 가장 힘들다고들 한다. 고통과 아픈 날들을 견디고 살아내온 나의 이야기를 전할 수 있어 기쁘다. 글을 쓰면서 지나온 상처가 지금의 나를 만든 선물이라는 사실을 알게 되었다.

"제가 힘들었던 날들을 조금씩 걸어왔듯, 당신도 천천히 함께 걸어보시겠어요?"

1-8

다시 돌아오지 않을 시간
(이은숙)

  어린 시절 기억 속 아버지는 부산에서 가구 제조업을 운영해서 항상 바쁘셨다. 아버지의 거래처들은 전국에 있었다. 부산, 경남, 경북, 포항, 남해, 거제도, 순천, 청주 등 전국으로 출장을 다니셨다. 지방 출장이 잦아 이른 새벽에 집을 나서거나, 늦은 밤 귀가하는 날이 많았다. 어렸던 나는 "아빠, 왜 이렇게 새벽에 일찍 출발하세요?"라고 물어보면, 낮에는 차가 많이 막히고, 혹시 길을 잘못 들면 약속 시간에 늦으면 안 되기 때문에 일찍 출발한다고 하셨다. 당시에는 내비게이션이 없었을 테니 당연한 일이었을 것이다. 지도와 이정표로 길을 찾아가야 하니 일찍 출발할 수밖에 없다고 말씀해주셨다.

  사업을 하던 아버지에게 집안일을 신경 쓰지 않게 하는 것이 엄마의 역할이었을까? 엄마는 우리 삼남매를 잘 키우기 위해 애쓰셨다. 활달하고 사람을 좋아하는 아버지에 비해 엄마는 혼자 조용히 지내는 걸 좋아하셨다. 평범한 주부였던 엄마는 꽃과 나무 가꾸기를 좋아했다. 엄마는 친구들과 모임이 있는 날을 제외하곤 거의 집에서 꽃을 가꾸며 행복해하셨다. 엄마 돌아가시기 3년 정도를 제외하고 대부분을 주택에 살았기 때문에 옥상에 텃밭을 만들고, 채소를 재배해서 반찬을 만들었다. 채소는 대부분 텃밭에서 재배했고, 거의 사 먹지 않았던 기억이 난다. 저녁 시간이 되면 시장을 가지 않아도 되었다. 옥상 텃밭에는 양파, 가지, 파, 고추, 배추, 오이, 상추, 깻잎 등 웬만한 채소는 텃밭에서 따와서 저녁 준비를 했다. 엄마는 절약이 몸에 습득되어 있어서 그 돈을 아껴 저축하는 걸 좋아했고, 뿌듯하고 자랑스러워했다.

결혼해서 없는 살림에 세 남매를 키우려고 아끼는 것이 익숙했던 엄마에게 사치는 있을 수 없는 일이었다. 아끼고, 또 아끼고… 절약이 몸에 배어 있었다. 절약하기 위해 엄마는 전통시장에서 저렴한 먹거리, 식재료들로만 음식을 만들었다. 자주 먹었던 음식은 경상도 말로 '갱시기(갱죽)'라는 음식이 있었다. 엄마의 갱죽은 김칫국에 라면 하나를 넣어 라면보다 저렴한 국수를 많이 넣고, 찬밥을 넣어 다섯 식구가 한 끼를 때웠다. 갱시기를 끓이는 날이면 한 개밖에 넣지 않은 라면 쟁탈전이 벌어진다. 특히 먹는 욕심이 많았던 오빠와 나는 조금밖에 없었던 라면을 조금이라도 많이 먹으려고 젓가락으로 열심히 냄비 속을 휘저었던 시절이 생각난다. 오빠와 나와 비교해 덩치가 작았던 언니는 항상 우리의 게임 상대가 되지 않았다. 그런 우리를 보고 엄마와 아버지는 얼굴은 미소를 지었지만 얼마나 마음 아프셨을까?

　어린 시절 기억 속 엄마는 항상 몸이 좋지 않아 병원을 자주 다녔다. 엄마는 젊은 시절 충격을 받은 기억으로 신경과 약을 꾸준히 드셨다. 그렇게 아끼며 살던 엄마 덕분에 부모님은 노후 자금을 충분히 준비해 놓으셨다. 그런데 엄마는 제대로 써 보지도 못하고, 병원만 다니셨다. 다른 사람에게는 배려심 많고, 관대했던 나는 엄마에게는 가족이라는 이유와 핑계로 짜증내고, 툴툴댈 때가 많았다. 짜증내는 나를 위로하기 위해 삐뚤빼뚤한 글씨로 메모를 남기던 엄마의 모습이 아직 기억 속에 선명하게 남아 있다.

　엄마는 원래 신장이 좋지 않아 오랜 기간 신장 혈액 투석을 했다. 어느 날 밤 화장실에 가다 침대에 부딪혀 머리에 큰 상처가 났다. 피가 많이 나긴 했지만, 부산대병원 응급실에서 빠른 조치를 하고, 3일 후 퇴원했다. 며칠 후 투석하러 갔더니 병원에서 혈액 수치가 이상하다고 빨리 큰 병원으로 가보라고 했다. 급히 부산대병원을 다시 방문했다. 급성골수성백혈병 진단을 받으셨다. 길면 3개월이라고 했다. 표적 항암 치료법이 있는데 엄마의 질병에 사용할 수가 있다고 했다. 하지만 엄마의 기존 병력이 많아 체력이

받쳐주지 않을 가능성이 높다고 했고, 치료에 대한 아버지의 반대도 심했다.

당시는 코로나로 병원 면회도 쉽지 않았고 가족 중 한 사람이 엄마를 전담해서 돌봐야 했다. 형제들과 의논해서 엄마를 가장 잘 아는 내가 엄마 보살핌을 맡았다. 그때 생각은 엄마를 후회 없이 모시고 싶었다. 하던 일을 잠시 멈추고, 부산대병원 응급 중환자실에서 보살핌이 시작되었다. 그렇게 입원과 퇴원이 반복되었다. 의사 선생님은 이제는 치료의 의미가 없다고 하셨다. 계속 집에 가고 싶다는 엄마를 달래면서 입원해 있어야 할까? 가족과 의논했다. 엄마의 생각이 가장 중요하다고 생각했다. 그렇게 집에서 보살핌이 시작되었다. 엄마의 손발이 되면서 많은 생각을 했다. 기본적인 식사, 목욕, 용변 처리 등 모든 손발이 되어야 했다. 간병인을 쓸 수도 있었지만 그러고 싶지 않았다. 엄마의 건강이 좀 더 안 좋아지면서 엄마가 아끼는 서울 사는 이모에게 전화했다. 이모가 다녀간 지 이틀 만에 엄마는 돌아가셨다.

그렇게 2022년 8월 나의 시간은 한동안 멈춘 것 같았다. 엄마에게 잘해준 게 없는데 그렇게 절약하며 살던 엄마가 세상을 떠나셨다. 이 세상에서 나를 가장 사랑해 주던 사람이 사라졌다는 것이 믿어지지 않았다. 글을 쓰고 있는 이 순간에도 가슴이 먹먹하다.

'엄마'라는 단어가 주는 먹먹함이 있나 보다.

  엄마가 아꼈던 모든 것들은 남아 있고, 엄마만 세상에서 사라졌다. 사는 게 허무하다고 생각했다. 열심히 살아가던 나에게 한동안 모든 것이 의미 없이 느껴졌다. 하지만 엄마가 바라는 모습이 아닐 거라는 생각을 했다. 그래서 다시 열심히 살기 시작했다. 하고 싶은 것은 바로바로 하면서 살기로 마음먹었다. 한 번뿐인 인생을 누구도 대신해 줄 수 없으므로 순간순간을 후회 없이 살기로 했다.

  언젠가 봤던 드라마에서 엄마는 자식에게 못 해준 것만 생각나서 미안하고, 자식은 서운했던 것만 생각나서 섭섭하고, 이게 부모 자식인가 싶다. 지금 생각하면 어린 시절 나에게 꿀밤을 때리고 싶다. '엄마에게 잘하라고…' 다시 돌아오지 않을 시간이지만 서툴렀던 시간을 아끼고, 사랑한다.

거꾸로 돌아가는 삶
(이현정)

25년 넘게 맞벌이 직장인 엄마로 살고 있다. 매일 아침 '소리 없는 아우성' 전쟁터다. 지금은 아이들이 커서 강도는 약하지만, 계속되는 고민과 결정은 시간과 장소에 구애받지 않고 계속된다. 귓가에 울리는 아이들의 울음소리가 내 정신과 건강을 위협했다. 아이들이 어릴 때 나도 직장에서 직급이 낮은 실무자여서 하나부터 열까지 챙겨야 했다. 직장인 엄마로 육아와 직장 일을 한다는 것은 전적으로 도와주실 분이 없이는 힘든 일이다. 그렇게 몸과 마음이 지쳐갈 때 '더 이상 일을 못 하겠다. 인제 그만두자. 아니 진작 그만두었어야 해'라며 마음속 사직서를 품고 다녔다. 어느 날, 물에 빠진 나에게 큰 선물이 왔다. 드디어 중간관리자로 이동하였다. 하늘의 축복이었다. 힘든 시기에 중간관리자가 되지 않았다면 나는 직장을 그만두었을지 모른다.

중간관리자 이동은 나에게 인생의 전환점이 되었다. 두꺼운 옷을 벗어 던진 마음으로 새로운 일은 모두 재미있었다. 아니 때로는 힘든 일이라도 실무자에서 벗어난 것만으로도 행복했다. 힘들게 달려왔던 세월에 내가 나에게 감사 선물을 주고 싶었다. 유달리 굵은 금목걸이가 나의 눈에 들어왔다. 체인 크기가 남달라 누가 보아도 한 조직하는 사람들의 상징물처럼 보였다. 난 과감하게 나에게 선물했다. 내 두꺼운 목에 금목걸이를 걸어서 나를 추앙했다. 내가 나를 추앙하지 않으면 무너질 것 같았다. 지금도 추앙한 그 금목걸이는 나를 상징하는 캐릭터처럼 사람들이 나를 귀티 나게 봐주는 이미지가 되었다. 귀여움을 넘어 묵직한 금목걸이 덕분에 나의 카리스마는 언제 어디서든 뿜어 났다.

동행정복지센터 사무장으로 즐기면서 일하고 있을 때, 글로벌 교육생 선발 공고가 났다. 10개월 교육 일정이었다. '글로벌'이라는 단어만 봐도 당연히 영어 점수는 수준 이상이어야 하고, 글로벌 교육을 받을 수 있는 자격시험을 보아야 했다. 시험일을 3주 남겨두고 무작정 토익시험을 보았다. 제대로 된 영어 공부를 하지 않은 나에게는 힘들었지만, 우여곡절 끝에 글로벌 교육생으로 선발되었다. 진정한 삶의 전환점이 지금부터 시작되었다. 교육 기간 나는 나에게 최고로 집중할 소중한 기회를 얻었다. 그때부터 나의 시곗바늘은 거꾸로 돌아가기 시작했다.

50세에 무엇인가를 도전한다는 것은 두려움이 컸다. 타성에 빠져 있어야 할 나이에 무엇인가를 한다는 시도조차 에너지를 많이 쓰게 한다. 어릴 적 체험하지 못한 미련은 내가 어른이 되어도 내 머릿속에 남아 있었다. 교육 시작할 때 나에게 다짐했다. 내 건강을 위하여 반드시 살을 빼는 다이어트를 하는 것이다. 나의 생활 루틴이 변했다. 몸으로만 하던 걷기, 수영 운동에서 공으로 하는 구기종목 운동을 하기 시작했다. 골프, 탁구, 테니스 등 할 수 있을 때 무엇이든 시작하였다. 공복 탁구는 다이어트의 일등 공신이었다. 11킬로까지 몸무게를 뺄 수 있었다. 교육 기간 동안 시간을 가질 수 있었지만, 금전적 지출은 컸다. 골프화, 골프채를 사고, 탁구 라켓도 구매하고 필요한 모든 것을 구매했다. 그때는 돈보다 시간이 소중한 시기였다.

 두려웠던 것은 시간과 돈이 아니었다. 내 마음속 움켜쥐고 놓지 않았던 두려움이었다. 돌덩어리처럼 부여안고 있는 나에게 누구하나 "한 번 도전해 봐"라고 말해주지 않았다. 아니 말해줬다고 해도 내가 듣지 않았을 것이다. 선택하지 않고, 도전하지 않았던 것은 '나의 선택'이었다. 선택하지 못했던 운동, 미술을 지금이라도 할 수 있어 기뻤지만, 조금은 더 젊었을 때 했다면 좋았을 것 같다는 아쉬움이 있다. 시간과 돈이 없었다는 것은 나의 핑계였다.

어릴 적부터 그림을 배우고 싶었다. 어느 날, 전시회 그림을 보고 평소 간직하고 싶었던 그림을 사서 식탁 위 나만의 전시장을 만들었다. 그림 보면서 행복해하는 나를 보았다. 그때 결심했다. 미술을 배워서 내 그림을 전시하고 싶었다. 지인들에게 선물로 주고 싶었다. 재주 없는 내가 과연 할 수 있을까? 무작정 시도하였다. 걱정하거나 두려워하지 않았다. 그냥 내가 하고 싶은 대로 행동했다. 미술을 한 번도 배우지 않았던 사람이 무지하여 "유화 배우러 왔습니다"라고 말해서 문화센터 미술 선생님을 당황하게 했다. 소묘부터 시작하는 미술 수업 시간은 선만 긋기만 해도 행복했다. 똑같이 긋는 선을 그리면서 집중하는 시간이 좋았다. 몇 시간 동안 똑같은 선을 그으면서 한 번도 지루하지 않았고, 결석도 하지 않았다. 그만큼 미술에 빠졌다. '단순함에서 오는 힐링이 이런 것이구나' 생각했다.

지금 나는 하고 싶은 것이 있으면 고민 없이 무조건 한 발 내디딘다. 젊었을 때 하고 싶었는데 못했던 모든 아쉬움을 내 나이 오십 넘어 시도한다. 하고 싶다고 생각하면 무조건 행동부터 한다. 다른 사람들이 보면 '저 나이에 저렇게 직장 다니면서 힘들게 하고 싶을까?' 하고 생각할지 모른다. 나는 이제 다른 사람들 시선이 보이지 않는다. 지금 후회되는 것은 그때 다양한 운동을 더 많이 경험했으면 좋았을 아쉬움만 남는다. 젊었을 때 다양한 운동을 경험해 보는 것이 얼마나 중요하고 좋은지 마음 깊숙이 느낀다. 그때는 '도전'이라는 단어가 나에게 익숙하지 않았다. 도전한다고 한 걸음 걸어간다는 것이 그렇게도 힘들었다. 아무 생각 없이 무작정 도전 했어야 했다.

지금 누군가 '도전'에 망설이고 있다면, 난 주저 없이 이야기해 주고 싶다. 하고 싶다고 생각한 그 순간 그냥 다른 생각 없이 무조건 그냥 하면 된다고 말해주고 싶다. 운동의 그 짜릿한 맛은 내가 직접 경험하지 못하면 느끼지 못한다. 세상에서 아름다운 중독은 경험하고 체험하는 모든 것에 빠지는 순간이다. 오늘도 아니 지금도 늦지 않았다. 삶은 시곗바늘을 돌릴 수 없는 역행 불가 지역이다. 시간은 되돌릴 수 없고 고민만 하는 시간에도 시계는 돌아가고 있다. 당장 하고 싶은 모든 것을 다 경험해 보는 것이다. 자기 삶을 선택하고 주도하는 것은 '내 마음의 선택'이다. 산에 올라가려고 하면 생각 없이 운동화를 신고 있으면 된다. 삶을 주도적으로 이끄는 사람은 '나'라는 것을 잊지 말자.

1-10

시계(時計)는 내 삶의
리듬에 따라 움직였다
(전세병)

　나는 시간을 확인할 때 주머니에서 핸드폰을 꺼낸다. 네모난 화면에 나와 있는 숫자를 확인하고 움직인다. 초등학교, 중학교 때는 지금처럼 스마트폰이라는 제품이 존재하지 않았다. 그렇다 보니 초등학교 때 수업을 마치고 친구들과 운동장에서 시간에 구애받지 않고 놀았다. 날이 어두워질 때면 저녁시간이 됐다는 것을 알아챘다. 어둑어둑해지는 시간쯤에 다들 작별 인사를 하고 집에 들어갔다. 저녁을 먹고 싶은 배꼽시계도 귀가 시간을 알려주었다. 집에 돌아가 하룻밤을 보낸 뒤 다음 날 학교로 가면 처음 만난 것처럼 친구들과 반갑게 인사하고 지냈다. 해맑게 웃고 놀며 즐거웠던 추억이 많다.

　행복한 어린 시절 나에게 시간이란 거북이 같았다. '언제쯤 반복되는 학교생활이 끝날 수 있을까?' 반복되는 일상적 생활 패턴이 지루하고 재미없다고 느끼기도 했다. 지나고 보니 지루했던 시간, 즐거웠던 시간 모두가 벽돌을 하나씩 쌓아서 집을 완성하듯이 일상의 시간이 나의 성장에 작은 벽돌이었다고 생각된다. 새로움이 없다고 느꼈던, 흥미가 없는 무미건조한 실선 형태의 일상이 하루에 하루를, 봄을 지나 가을, 겨울을 지나며 순환하다 보면 선들이 쌓인다. 쌓이던 결과물은 '나'라는 입체 모양의 정체성으로 다시 태어났다. 어느 정도 자라서 시간을 바라봤을 때는 더 이상 거북이 같은 속도가 아니었다. 거북이같이 느리던 시간은 20대를 지나 30대로 성장했다. 이제는 내가 따라가기 벅찰 정도의 속도로 빨라졌다.

어릴 때 나는 웅변을 가르쳐 주는 유치원을 다녔다. 을숙도 문화회관 같은 큰 강당에서 열리는 웅변대회에서 목청 높어 웅변하는 기회가 있었다. 웅변을 곧잘 했던 덕분에 어른들이든 모르는 사람들 구분하지 않고 앞에서 보여주거나 뽐내는 걸 좋아했다. 무대 체질이었는지 부끄러워한 적이 없었다. 오히려 하고 싶어 해서 당당하게 곧잘 해냈다. 아직도 그런 기억들이 시간이 지난 지금에서도 생생하다. 뚜렷하게 기억하고 있는 만큼 나에게 행복한 기억이다.

중학교 때는 외고를 가겠다고 다짐했었다. 목표로 세우고 바로 영어 학원에 다녔다. 집 앞 아파트 한 세대를 빌려서 소수의 학생을 가르쳤다. 학교를 마치고 학원을 가면 그날 해내야 하는 목표치가 정해져 있었다. 처음 보는 교재의 경우 단어, 듣기, 독해 한 회차씩 외워갔다. 외운 내용 그대로 써내는 시험을 쳤다. 세 개 이상 틀리면 다시 처음부터 외워서 새로 써 내려갔다. 많이 틀리는 날이나 제대로 외우지 못한 날은 꾸중을 들으면서 점수가 커트라인에 들어가도록 반복했다. 지치는 걸 이거내고 오기로 하다 보면 그제야 집으로 돌아갈 수 있었다. 그렇게 책 하나를 처음부터 끝까지 숙지한다. 다음은 2회차씩, 그다음 바퀴에는 3회차씩 늘려나가는 방식이었다. 그러다 보니 마치는 시간이 제각각이었다. 제대로 외운 날에는 빨리 마치고 집에 가는 반면, 아에 못 외웠거나 대충 외웠을 땐 공부방에 가서 외우고 시험을 쳐야 했다. 제대로 준비를 안 한 날은 새벽에 집에 돌아간 적도 있었다. 학원에 다니는 시간 동안은 지루하고 고통스러웠다. 중간마다 땡땡이친 적도 많았다. 견뎌낸 시간이 2년 정도 쌓였을 때 외고 합격이라는 결과로 보답받았다. 힘들었지만 견디며 노력하니 성취해 낼 수 있었다. 입학하고 한동안 성취감이 가득 찼다. 노력은 배반하지 않는다는 진리를 그때 깨달았던 거 같다.

하지만 고등학교 다니는 동안 성적은 형편없었다. 합리화할 정도로 제대로 공부한 적도 없지만 말이다. 단순히 공부하는 시간이 싫었던 것이 형편없는 성적으로 나타나 대책 없이 그 자리에 머물렀다. 더 이상 나아지려고 노력하지 않았다. 고등학교 때 제일 부끄러웠던 적이 떠오른다. 첫 모의고사 때 수학 성적이 5~6등급으로 받은 적이 있다. 당시 1학년 담임께서 수학 선생님이었다. 그렇게 시간이 지나고 9월 모의고사 때 3등급 윗 구간 성적을 올린 적이 있었다. 성적표가 나오는 날 선생님은 반 전체 아이들에게 "전세병 학생이 원래 6등급이었는데 3등급까지 올렸다. 다 하면 된다 이 말이야." 하고 나눠준 적이 있었다.

물론 돌이켜 생각하면 다른 아이들도 수학을 포기한 친구도 많았고 다 같이 동기부여를 하자는 의미에서 하신 말씀일 것이다. 하지만 어린 나로서는 그런 격려와 위로가 좋게 들리지 않았다. 잘하는 애들도 많은데 한순간에 내 개인 성적이 알려지니 어쩔 줄 몰라했다. 열등감이 생기고 의기소침해졌다. 그 시점이 시작일까, 더욱 공부를 안 하게 되었다. 소속감보다는 그냥 학교에 있는 친구 1명으로 지냈던 거 같다.

그렇게 고등학교 생활 3년을 보냈다. 열등감 가득했던 고등학교 생활이었다. 막상 졸업을 하니 미련이 남았다. 재수를 위해 양산 대성기숙학원에 입소해서 1년 다니기로 했다. 고등학교 시절의 시간이 후회되어 새로운 각오로 열심히 하겠다는 마음으로 시작했다. 그러나 사람은 변하기 쉽지 않았다. 얼마 되지 않아 그 초심은 어디 가고 다시 하던 대로 대충 공부하고 있었다. 정신을 차려보니 다른 친구들은 점점 앞으로 나아가고 있었다. 나 혼자만 또다시 제자리걸음이었다. 내 안에 잠시 숨겨뒀던 열등감이 다시 고개를 들어올리기 시작했다. 그 열등감이 지속되다 보니 몸에도 신호가 왔다. 앉았다가 일어날 때처럼 순간적인 힘을 내는 행위를 하면 자주 근육 경직 증상이 나타났었다. 몸을 못 가누고 의식이 있는 채로 쓰러지는 경우도 있었다. 신체적으로도 문제가 생기니 열등감은 더욱 커졌다. 성적과 같이 자존감이 낮아졌다. 스스로 눈에 띄지 않으려고 하다 보니 종일 몸이 긴장 상태로 생활했다. 학원 안에서 수업을 듣다가 밖으로 이동하려고 할 때 마저 경직 증상이 발생한 적도 있었다. 식당에서 밥을 먹고 나오다가 증상이 찾아와 그대로 식판을 들고 엎어졌던 기억도 있다. 세상에서 나를 숨기고 싶었다. 주변 모든 것이 나를 무시하고 비웃는 것으로 보였다. 대학을 가서도 나아지지 않았다. 부산큰솔나비 독서 모임에 들어오기 전까지 새로운 사람 만나는 것을 두려워했다. 독서 모임을 다니면서 나도 모르게 조금씩 자존감은 회복하고 있었다. 독서 선배님들이 관심과 애정을 나눠주셨다. 나는 그 시간을 내 것으로 받아들이고 있었다. 독서 모임이 있어서 성장할 수 있었던 것 같다. 그래서 난 지금도 부산큰솔나비에 소속되어 있는 '지금 이 시간이 항상 행복하고 만족스럽다.

그리고 엎어지면 코 닿을 거리에 사는 고등학교 동창 친구가 있다. 가까이 살지만 이제는 고등학교 때처럼 자주 보지는 못한다.

친구도 나도 각자만의 생활이 있고 사회활동을 하고 있으니 말이다. 동네에 친구가 있다는 사실에 한 번씩 행복하다는 생각을 한다. 감사하다는 감정이 들 때가 많다. 고민을 나누고, 일상을 얘기할 수 있는 친구가 있다는 것은 큰 복이 아닌가. 둘이서 만나면 특별히 하는 것이 따로 없다. 산책하기, 저녁 같이 먹기, 카페 가기, 드라이브하기, 이런 사소한 것들을 만나서 같이 한다. 함께 하는 소중한 시간에 감사한다.

다큐 중에 제일 인상 깊었던 말이 생각난다. 기차역에서 프로그램 PD가 삶이 어떻다고 생각하는지 질문하자 평범한 직장인이 대답했다. "기차를 타고 뒤를 돌아보면 굽이 굽어져 있는데, 타고 갈 때는 직진이라고밖에 생각 안 하잖아요. 저도 반듯하게 살아왔다고 생각했는데, 뒤돌아보면 굽이져 있고 그게 인생인 거 같죠." 대부분 사람들은 평범한 하루가 반복되고 똑같은 일상을 사는 것 같다고 느낀다. 그렇지만 들여다보면 다채롭고 특별한 의미가 있는 일이라는 걸 알 수 있다. 우리의 시간을 '별일 없이 보내는 것'에 집중할 것이 아니라 '어떻게 보낼 것인가'가 중요하다고 느낀다.

나는 아직 살아갈 시간이 많지만 삶이란 이런 것이 아닐까라고 생각한다. 매일 똑같고 비슷한 것 같지만 지나고 보면 소중한 시간은 '나'라는 특별한 모양으로 빚어준 사람들의 손길이었다는 걸!

2장

마음의 숲

2-1

숲(森)! 운림병풍 같은 삶의 터
(강준이)

　사방을 둘러본다. 산이 병풍처럼 마을을 감싸고 있다. 잔잔한 호수를 닮은 그 풍경 속에서 산의 정기가 능선을 타고 내려와 집집마다 문을 두드린다. 그 노크 소리에 눈을 뜨면 부엌에서 부모님의 대화가 자명종처럼 들려온다. 뒤질세라 앞집, 옆집 사람들의 목소리가 합창단처럼 하모니를 이루며 점점 선명해져 귀를 맴돈다. 아궁이에서 나무가 타닥타닥 타오른다. 세수할 따뜻한 물을 데우고, 소여물을 끓이는 소리. 아궁이 불로 따뜻해진 구들장에 더 누워있고 싶지만, 즐거운 합창을 듣는 예의 바른 관객처럼 자리에서 일어날 수밖에 없다. 힘차고 정겨운 그 소리들이 저절로 몸을 일으킨다. 부모님이 함께 지은 가마솥 밥을 천천히 음미한 기억은 없다. 늘 후다닥 먹고 서둘렀던 기억뿐이다.

　이집 저집에서 교복 입은 아이들이 대문을 나선다. 학교까지는 걸어서 한 시간 반. 이웃 친구가 길가 감나무 아래서 "가자!" 하고 부른다. 무거운 책가방을 들고 작은 길을 벗어나면 신작로가 나타난다. 신작로를 따라 작은 동산을 돌면 저 멀리 높고 큰 산등성이가 보인다. 앞서 올라가는 친구들의 모습이 숲속에서 보였다가 나무에 가려 사라지기를 반복한다. 조금이라도 빨리 따라가려고 논둑길을 가로질러 가다 보면 신발이 진흙에 푹 빠지는 낭패를 당하기도 한다. 하지만 개의치 않는다. 바삐 걸어가다 보면 가방은 무거워지고 숨은 가빠진다. 다람쥐처럼 재빠르게 가서 산 중턱 쉼터에 먼저 도착한 친구들을 만나면 반갑게 이야기를 나눈다. 다시 힘을 내어 거북이걸음으로 올라간다. 드디어 산꼭대기에 도달하면 내리막길이 보인다. 힘이 빠졌던 다리는 엔진 달린 오토바이처럼 날듯 순식간에 산 밑에 도착한다. 천수답 사이사이 집들이 올망졸망 모여 있는 작은 마을을 두 개 정도 지나면 작은 동산 밑에 장평중학교가 나타난다. 추억이 서린 숲속의 학교를 3년 동안 다녔다.

봄이 오면 모내기 준비로 논둑을 친다. 논에 물을 가득 대고 두렁에 풀이 자라지 않도록 흙으로 둑을 만드는 작업이다. 그러면 등곳길이 멀어진다. 질척해서 가로지를 수 있던 논둑길로 갈 수 없다. 새로 친 논둑이 단단해지려면 한참 동안 기다려야 한다. 이름 모를 꽃이 피고 잎이 돋아나는 계절이면 운동화가 아침이슬에 젖는다. 앞서가는 친구의 운동화에서 연기가 피어오르는 광경을 볼 수 있다. 입에서는 차가운 공기에 입김이 나오고, 신발에서는 부지런히 땅을 디디는 걸음으로 생긴 열기가 젖은 운동화의 이슬을 말리며 연무를 만들어낸다. 등교 시간에 맞춰 하나뿐인 시골 버스가 지나가면 흙먼지가 구름처럼 날린다. 걸어가던 우리는 차가 오는 시간에 신작로를 벗어나기 위해 죽 먹던 힘을 다해 뛴다. 차의 꽁무니에서 나는 엔진 냄새와 흙먼지를 피하며 달리는 우리 모습을 차 안 친구들은 구경하며 웃는다. 때로는 자전거로 통학한다. 산허리를 돌아 큰길로 가야 해서 익숙하지 않은 동네를 지나기도 한다. 벚꽃이 흐드러지게 핀 찻길을 시원하게 달리면 비즈니스석 비행기도 부럽지 않다. 아카시아꽃 향기 그윽한 길을 자전거로 달리다 보면 단어장을 들고 공부하는 친구, 장난치는 친구들이 휙휙 스쳐 지나간다. "어이! 내 가방 좀 실어주지?" 하지만 무시하고 달려야 한다. 시원한 내리막이 끝나면 학교를 감싸고 있는 작은 동산을 둘러 올라가는 오르막이 기다리고 있다. 거기서 죽 먹던 힘도 모자라 학교에 도착하면 진이 다 빠지기 때문이다.

아들이 고등학생이었을 때, 기숙학교였지만 집에서 가까워 기숙사 대신 3년간 등하교를 함께했다. 아침 출근길이 아들 등교 시간과 비슷해서 다행이었다. 하교는 퇴근 후 집에 있다가 야간수업이 끝나면 늦은 밤에 데리러 갔다. 평일은 괜찮은데 주말에는 일주일 만에 귀가하는 학생들로 학교 근처가 북새통이었다. 학교 주변 골목과 가까운 도로는 부모들의 자동차 불빛이 장관을 이뤘다. 아들의 등하굣길 풍경은 나무가 무성한 숲이 아니라 자동차 숲으로 도로가 꽉 찬 모습이었다.

나의 중학교 시절처럼 왕복 3시간을 걸어 다니라고 하면 지금 학생들은 어떤 반응을 보일까? 내 집 주변에는 학교가 많다. 중학교 두 곳, 고등학교 네 곳의 등하교 시간이면 학생들을 태워주는 봉고차와 부모들의 차가 넘쳐난다. 숲속을 걸으며 꽃도 꺾고, 산딸기를 따 먹어서 검붉게 물든 입을 벌리며 서로를 보고 깔깔대며 웃던 모습이 아직도 생생하다. 흐드러지게 핀 꽃보다 아름답고, 숲속의 어느 나무보다 아름다웠던 친구들과 함께했던 학창 시절이다.

미국 여행 중 기차를 타고 몇 시간을 달려도 산이 보이지 않았다. 끝없는 지평선이 몇 시간을 달려도 계속되는 것을 보고 신기했다. 울창한 숲이 우거진 산은 없고 가로수와 공원의 잘 조성된 나무들만 있었다.

파리의 에펠탑에 올라 사방을 둘러봤을 때도 마찬가지였다. 끝없는 지평선이었고, 산이 보이지 않았다. 산과 숲이 많은 우리나라와 너무 달라 눈이 휘둥그레졌다. 양가감정이 생겼다. 부럽기도 하고, 내 나라가 더 좋은 것 같기도 했다. 숲은 없지만 그곳에는 넓은 평야에 곡식이 끝없이 심어진 밭이 숲을 대신하고 있었다. 몇 시간을 달리고 나서야 숲이 나타났다. 그제야 달리는 차 안에서 밖을 보는 재미가 생겼다. 숲이 우거진 산이 있으면 돌아가야 하므로 시간이 오래 걸린다. 여행하다 보면 어디를 가도 산이 많은 곳에는 돌아가지 않기 위한 터널이 나타났다. 터널 속 어둠의 숲에도 내 가슴속 생각 나무는 자라고 있다.

 2024년 6월 몽골 여행에서는 산에 나무가 없는 곳이 많았다. 하루 종일 달려도 나무도, 게르도 보이지 않았다. 어쩌다 마주치는 양 떼가 전부였다. 들과 산에 자라고 있는 풀들도 잎이 선인장 가시처럼 단단했다. 조심하지 않고 만졌다가 가시처럼 단단한 잎에 찔려 고생한 추억도 있다. 산등성이와 골짜기를 용케도 잘 찾아 달리는 푸르공이라는 차를 운전하는 기사님이 신기했다. 푸르공에는 내비게이션이 없다. 가끔 길을 잘못 들어 돌아가는 일도 있었지만 말이다. 사수와 함께 몇 번을 다니며 익힌 기억으로 다닌다는 대답을 기사에게 들었다. 푸르공이라는 차는 몽골의 고원지대 맞춤형 자동차인지 여행지마다 많았다. 에어컨도 없다. 자동차에 자동으로 작동되는 것은 찾아볼 수 없었다. 덜컹거리며 달리다 나무가 숲을 이룬 곳에 이르면 그곳에는 작은 마을이 형성되어 있었다. 사람이 사는 곳에는 숲이, 울창한 산이 있어야 한다는 것을 자연이 말해주고 있었다.

내 제2의 고향인 부산은 산과 바다가 있어 볼거리가 많다. 금정산 등산은 자주 해서 야간에도 불빛 없이 갈 수 있을 정도다. 사하구의 승학산, 해운대구의 장산도 옆집 가듯 많이 다녔다. 충청도 산골 숲과 부산 바닷가와 어우러진 숲에서 많은 추억을 쌓았다. 숲의 선물이 내 가슴 동산에 똬리를 틀고 심장과 손잡고 콩닥거린다. 한 시간 반 걸어서 학교에 갔던 그 길 위에서 나는 참을성을 배웠다. 진흙탕에 빠져도 웃을 수 있는 여유를. 친구들과 산딸기를 나눠 먹으며 나눔의 기쁨을 알았다. 계절마다 달라지는 숲의 모습을 보며 변화를 받아들이는 법을 터득했다. 몸은 도시에 살고 있지만, 내 마음속에는 여전히 그 숲이 살아 있다. 아침이슬에 젖은 운동화에서 피어오르던 하얀 연기처럼, 가슴 한편에서 따뜻하게 피어오르는 그리움. 숲은 언제나 그 자리에 있다. 우리가 돌아가기만 하면 된다. 아직 늦지 않았다. 그 모든 숲이 지금도 내 안에서 살아 숨 쉬고 있다.

2-2

다시 피어나는 꽃,
나를 만나는 시간
(강지원)

우리는 얼마나 나 자신을 들여다보며 살아갈까? 바쁜 일상 속에서 가족과 직장에 치여 정작 자신의 모습은 보지 못한 채 세월을 보내는 경우가 많다. 나 역시 50년 넘게 다른 사람의 눈치를 보며, 사람의 기대에 부응하며 살아왔다. 내가 누구인지, 무엇을 좋아하는지, 어떤 길을 가고 싶은지 돌아볼 여유도 없이 주어진 길만 걸어왔다. 그러다 문득 깨달았다. 더 이상 다른 사람을 위한 삶이 아닌, 나를 위한 삶을 살고 싶다고….

"통도사에 이런 것도 있었나?" 혼자 중얼거리는 말에 친구는 통도사에 처음 와봤냐고 물었다. "아니 많이 왔는데 지금까지 경치를 제대로 본 적이 없었네." 그랬다. 직장 다닐 때 많이 와봤던 곳이고 개인적으로도 몇 번 왔지만, 통도사의 특징이나 심지어 입구도 기억에 없을 정도였다. 올 때마다 사람들과 대화에 집중했고 경치는 관심 밖이었다. 나에게는 다정한 사람이 필요했으니까.

2001년에 호주, 뉴질랜드에 8박 9일 다녀온 적이 있다. 직장에서 우수 사원에게 보내주는 여행에 운 좋게 뽑힌 것이다. 우리는 거의 매일 새벽 3시까지 호텔 한 방에 모여 술 마시고 놀았다. 관광하는 시간에는 버스에서 잤다. "사진 찍으세요"라는 가이드 목소리가 들리면 사진만 찍고 후다닥 자리에 와서 또 잤다. "설명해도 듣지 못하시겠네요"라며 힘 빠진 목소리로 이야기하는 것을 어렴풋이 들은 듯하다. 세계 어느 곳에 있든 내 관심사는 사람이었다. 구경거리 찾아 멀리 떠날 필요가 없었다.

초등학교 3~4학년 때까지 우리 집은 초가집에 호롱불을 켜고 살았다. 뒷산에 오토바이처럼 생긴 내 나무가 있었다. 아침이면 뛰어 올라가서 나무에 올라타고 혼자 놀았다. 소나무껍질도 벗겨 먹고, 찔꽃도 뜯어 먹었다. 산딸기도 칡도 손에 잡히는 것이 먹거리였다. 산에서 지냈던 시절을 생각하면 저절로 미소가 지어진다. 다시 그 길을 가고 싶었다. 생각만 해도 웃음이 나오는 길. 그런 길이 이제 내겐 없는 줄 알았다. 한 번 잘못 길을 벗어나면 끝인 줄 착각하고 살았다.

'결혼했고 아이를 낳았고 그들을 부양할 수 있었습니다. 그러나 나 자신을 만날 수는 없었습니다.' 김용규 작가의 『숲에서 길을 묻다』에 나온 이 문구처럼 나답게 사는 것이 무엇인지 몰랐다. 가르처 주는 사람도 없었다. 매월 월급 나오는 길을 그만두면 먹고 살 길이 막막하다는 변하지 않는 진실이, 가고 싶은 길, 나답게 사는 길을 가지 못하게 했다.

결혼 28년 동안 내 삶은 없었다. 남편이 외박하고 들어오지 않아도, 독박 육아도 당연한 줄 알았고 모두가 나처럼 사는 줄 알았다. 어린 시절, 아버지는 거의 집에서 보이지 않았고 엄마 혼자 행상으로 우리를 키우셨기에 다른 사람의 삶은 알 수 없었다. 경험이 없어 다른 세상을 몰랐다. 아이들이 어느 정도 자라고 결혼 15년쯤 지날 때 여유가 생겼는지 조금씩 다른 사람들의 삶이 보였다. 식당에서 아이를 챙기는 자상한 남편들, 사이 좋은 부모, 자매들의 이야기가 생소하면서도 질투심을 불러일으켰다. 갑자기 나만 불행한 듯 느껴지기도 했다.

허무했다. 주위에 아무도 없는 것 같았다. 언니 2명, 오빠가 있지만, 왕래가 없었다. 큰언니와는 21살, 작은언니와 10살 차이였다. 오빠와는 5살 차이지만 부산과 서울이라 만나기 힘들었다. 명절 외에는 만나는 일이 없었다. 아이를 낳았을 때도 혼자였다. 하필 출산하는 날이 일요일이었다. 직원, 언니, 오빠, 아무에게도 연락하지 않았다. 남편은 일요일임에도 회사에 가야 한다며 가고 내 곁에 없었다. 병실 문이 열렸다. 병원에서 나오는 저녁이 도착했다. 자연 분만으로 움직이기 힘들었다. 힘들게 움직이는 내 모습을 보고 옆 환자 보호자가 대신 식판을 받아주며 조심스레 물었다. "고아예요?"

50대 중반이 되었을 때 남은 것은 늘어난 나이뿐이라는 생각이 들었다. 평생을 한 직장에 다니다 보니 딱히 잘하는 것도 없었다. 좀 일찍 퇴직하고 싶었지만, 용기가 나지 않았다. 퇴직 후 등산만 하고 지내기는 남은 생이 너무 길었다. '나로 살기 위해서는 길을 잃는 것을 두려워하면 안 되었다. 경북 시골 마을에서 부산으로 와서 지금의 남편, 아이가 내 삶의 전부가 될 줄 몰랐듯이 퇴직 후의 삶도 알 수 없었다.

과감하게 퇴직서를 냈다. 생각보다 마음이 편했다. 두려움은 막상 닥치고 나면 별거 아니라는 것을 실감했다. 퇴직을 기다리는 1개월이 10년 같았다. 결정하고 나니 빨리 새롭게 시작하고 싶은 마음이 앞섰다. 우리 집 뒤에 백양산이 있다. 매일 아침 습관적으로 등산했다. 직장을 다닐 때 보지 못했던 나무, 나뭇잎, 이름 모를 많은 풀잎이 신비롭게 보였다. 보이는 것마다 손으로 만졌다. '야호' 소리도 질러봤다. 무조건 사람 중심이었던 나였는데 곁에 사람이 없어도 괜찮다는 것을 알았다. 어릴 때 산에서 마음껏 놀던 내 모습으로 돌아간 것 같았다. 다른 사람이 아닌 내 목소리를 듣는 시간이었다.

　나보다 조금 먼저 퇴직한 직원을 산에서 만났다. 그 직원을 통해 '정리 수납'을 알게 되었다. 정리 수납을 배우고 집 정리부터 시작했다. '정리 수납'은 신의 한 수였다. 직장 다닐 때 알았더라면 얼마나 좋았을까 싶었다. 바쁘고 짜증의 대상이었던 집안일이 줄었다. 집안일은 해도 해도 끝이 없는 것이 아니라 '정리'라는 것을 하지 않아서였다는 것을 알았다. 필요하지 않은 것은 버리고 꼭 필요한 것만 남기고 종류대로, 잘 보이도록 동선에 따라 정리했다. 청소하고 정리하는 시간에 거실 책상에 앉아 성경과 독서 모임 책을 읽고, 쓰고 싶은 글을 쓴다.

　퇴직하고 신사업창업사관학교를 통해 '개운한 정리 수납 연구소'를 창업했다. 지금은 남편과 함께하기 위해 '더센티브'로 명칭을 변경했다. 50대 중반까지 생각지도 못했던 새로운 길을 가게 된 것이다. '정리 수납' 덕분에 6개월간 라디오 생방송도 나갔다. 작가라는 것은 꿈도 꾸지 못했는데 책을 쓰게 되고 KBS 대구 아침마당에도 출연했다. 남들이 절대 그만두지 말라고 말렸고 나 또한 사표를 내기까지는 과감한 결단이 필요했다. 익숙한 길이 아닌 새로운 길을 가기까지의 결정은 쉽지 않았지만, 시간이 갈수록 내가 좋아하는 길을 가고 싶었다. 길을 잃어보지 않고 다른 길을 찾기는 어렵다.

어렵지만 새로운 길을 선택하는 것이 '나'로 살아갈 방법이다.

　이제는 안다. 인생에는 정해진 길이 없다는 것을. 어제의 나와 오늘의 나는 다르며, 내일의 나는 또 어떤 모습일지 아무도 모른다. 50대 중반에 시작한 새로운 도전이 내 삶을 이렇게 풍요롭게 만들어줄 줄 누가 알았을까? 통도사를 수없이 방문하고도 제대로 보지 못했던 것처럼, 우리는 종종 삶에서 가장 중요한 것들을 놓친 채 살아간다. 하지만 언제든 멈추고, 돌아보고, 새로운 시작을 할 수 있다. 나이는 숫자에 불과하다. 진짜 중요한 것은 자신의 목소리에 귀 기울이고, 자신만의 길을 용기 있게 걸어가는 것이다. 꽃이 피는데 늦을 때란 없다. 나는 지금 비로소 나로 피어나고 있다.

2-3

나의 유년 시절의 추억
(구미옥)

   도시 생활 속의 숲이란 힐링, 멈춤, 걷기, 휴식, 자연, 느림, 산소, 아침에 눈 떴을 때 창밖으로 비치는 녹색 나뭇잎, 나무 사이로 비치는 햇살 속의 녹색 숲이다. 내 유년 시절의 숲은 시골에서 난방용, 취사용 연료를 제공하는, 일상에서 꼭 필요한 자연에서 얻을 수 있는 무상의 연료를 제공하고 숲에서 놀 수 있는 장소이기도 했다.

   언양 시외버스 정류소에 내려 석남사 가는 길, 십 리 자갈길, 한 시간 정도 걸어 산모퉁이를 돌아가면 야트막한 산 아래 강 씨네 집성촌 마을이 보인다. 마을과 마을 사이에 수확하여 볏단만 누렇게 황량해 보이는 논들이 눈에 들어온다. 눈이 오거나 겨울비가 오면 논이 얼음 빙판으로 변한다. 놀 거리가 없는 시골 어린이들, 특히 도시에서 자란 내가 썰매를 탈 수 있는 놀이터이기도 했다. 친척 오빠들은 나무로 직접 만든 썰매와 막대기로 썰매를 태워 주었다.

나는 그 재미로 늘 겨울 방학을 기다렸다. 할머니는 멀리서 올 손녀를 위해 매년 큰 장독 안에 동지 팥죽을 두고 나를 기다렸다. 동지는 매년 12월 22일이고 방학은 매년 25일이었다. 차갑지만 걸쭉한, 새알이 쫀득한 팥죽, 지금도 동지 팥죽을 좋아하는 이유이기도 하다.

신작로를 따라 걷다 보면 오늘날 조그만 편의점 같은 점방이 보인다. 할머니 집 가까이 왔음을 느낀다. 가게 앞 맑디맑은 개울은 엄마와 내가 잠시 쉬어서 손을 씻고 쉬어 갈 수 있는 곳이기도 했다. 엄마는 외할머니에게 전해줄, 지금은 기억나지 않지만, 보따리를 이고 손에도 무언가 들고 나를 앞장세우셨다. 마을 안쪽 산 밑 외갓집 대문을 들어서면 감나무가 보인다. 사랑채, 안채 너머로 시퍼렇게 바람 따라 서걱대는 대나무 숲도 있다. 이 대나무는 마을 뒷산과 외갓집 울타리 역할을 한다.

우물가, 장독대를 지나 대나무 숲에 가까이 가면 바람에 일렁대는 대나무 소리는 조금은 무섭기도 하고 숲 뒤에는 뭐가 있을까 항상 궁금했다. 한번은 시골 육촌 언니랑 땔감이 필요해 소나무 갈비 채취하고 잔 나뭇가지 주우러 할머니 집 울타리 끼고 있는 뒷산을 갔다. 소나무 무리와 가시나무가 많은 조그만 야산이었다. 소나무 갈비는 소나무 낙엽을 의미한다. 여름내 무성했던 소나무

잎이 겨우내 떨어지면 불쏘시개 하기에 아주 좋은 재료이기도 했다. 산 정상 너머로는 석남사 가는 신작로도 보였고 산 밑에는 초등학교도 있었다. 바로 밑 여동생이 외할머니의 적적함을 메우고자 이 학교에 잠시 다닌 적도 있다. 향산 초등학교, 지금도 있다.

소나무 갈비로 장작불을 피워 밥하고 군불 때는 시절이다. 외할머니는 할아버지가 돌아가신 후 오랫동안 혼자 계셨기 때문에 무남독녀 외딸의 손녀인 나는 여름, 겨울 방학이면 꼭 언양 외가댁에 가곤 했다. 외갓집에서 바로 산으로 가는 길은 대나무가 막혀 있어 통로가 없다. 마을 앞쪽 논과 개울을 가로지르는 논둑 옆으로 돌아서 홀로 서 있는 육촌 언니 집을 지나야 한다. 언니 집 대문은 항상 열려 있고 휑한 대청마루는 무언가 외롭다고 생각했다. 육촌 언니 아버지는 초등학교 교사였다. 아줌마는 암으로 세상을 떠나고 아재는 재혼했다. 언니는 집안의 맏이로 항상 바빴지만, 도시에서 온 나를 많이 예뻐했다. 그래서 우리는 바구니 하나씩을 들고 언니랑 놀기도 할 겸 할머니도 도울 겸 뒷산에 갈비를 채취하러 가곤 했다. 언니 집 옆 소로 위를 올라가면 큰 소나무 몇 그루를 배경으로 터가 넓은 산소가 보인다. 그 당시는 불쏘시개 용 갈비가 귀해서 가까운 야산에는 찾기가 힘들었다. 산속 깊은 곳으로 가야만 소나무 갈비가 많았다. 산소 위쪽은 제법 깊은 산속이어서 혼자는 갈 수 없는 숲속이었다. 갈비 한 소쿠리 들고 내려오는 길에

햇빛 잘 드는 산소등성이에 앉아 무슨 애기를 했는지 기억은 없지만 산소 앞 멀리 타작한 뒤의 누런 논, 들판이 어린 마음에 외롭게 느껴졌다. 서향으로 지는 햇빛을 받으며 산소 앞 비석에서 공기놀이도 하곤 했다. 그때 숲과 소나무 향기는 내가 어른이 되어, 숲속을 지날 때마다 어릴 적 숲에 대한 두려움, 외로움, 편안함을 생각나게 했다.

친정엄마도 돌아가시고 재산 정리차 방문한 언양 시골집의 풍경은 집은 온데간데없었다. 앞집에 살았던 아줌마 9번째 아들이 할머니 집을 샀다. 항상 코 흘리면서 누나들 등에 업혀 있던 아들이 도시에서 돈을 많이 벌었다고 한다. 뒷집인 외할머니 집과 자기 집인 앞집을 합해 멋진 한우구이 음식점으로 변신해 있었다. 하지만 그 대나무는 뒷산과 여전히 울타리 역할을 하고 있었다.

대한민국이 개발도상국에서 국민소득 3만 불 국가로 거듭났다. 난방, 취사할 수 있는 연료는 LPG 가스, 도시가스, 전기로 대체되었다. 소나무의 낙엽송이 필요 없게 되었다. 우리나라 산들의 70%를 차지한 소나무가 무성해졌다. 6·25사변 후, 연료가 부족한 국민들이 너도 나도 땔감으로 소나무를 벌목하니 산이 견딜 수 없게 되었다. 전후 40여 년 동안 벌거벗은 우리나라 산들은 나무 심기, 산림보호로 숲이 울창해져 여름이 되면 산이 두꺼운 옷을 입고 우리에게 먹을 것과 쉴 곳을 마련해 주는 천연 자연이 되었다.

 올 3월 하순 영남 산불은 역대 최대 피해를 냈다고 한다. 잿더미로 변한 산림 생태계가 본래 모습을 완전히 되찾는 데는 100년이 걸린다고 한다. 70여 명의 사상자, 2만여 명의 이재민, 서울 면적 3배를 태워 버린 불은 정말 무섭다. 물론 바람도 많이 불었지만 쌓여 있던 소나무 낙엽송, 갈비가 불쏘시개 역할을 해 불이 여기저기 튀었다고 한다. 물론 성묘객 불씨도 있었지만….

 불씨를 잡기 위해 불철주야 온몸을 던진 전국 소방관들의 노력도 우리가 감사해야 할 일이다. 예전 생활필수품이었던 나뭇가지, 갈비가 이번 대형 산불의 불쏘시개 역할을 했다는 게 아이러니하다. 숲은 야생동물에겐 살아갈 터전, 귀한 자연 식품도 제공해준다. 숲에서 나오는 산소는 도시의 이산화탄소를 흡입한다. 숲이 우리에게 주는 이로움은 말로 표현할 수 없을 정도로 많다.

 우리나라가 근대화되기 전 우리 국민에게 필요한 연료를 제공해 주었지만 지금은 도시 생활에 찌든 도시민들에게 초록과 상쾌함, 신선함, 쉼터를 제공해주는 숲을 우리가 아끼고 사랑해야겠다고 생각한다.

2-4

짝사랑, 숲
(권은주)

　초등학교 앞, 키즈카페가 없던 그 시절 봉수대 올라가는 길과 연결된 넓은 들판은 우리의 멋진 놀이터였다. 우리는 학교를 마치면 곧장 숲속 놀이터로 향했다. 갈대가 노랗게 익어가는 계절엔 갈대숲이 더 크게 부풀어 올라, 키 작은 우리가 숨기에 적합했다. 넘어져도 다칠 걱정이 없었기에, 갈대를 묶어 트랩을 만들어 술래잡기 했다. 누군가 트랩에 걸려 넘어지기라도 하면, 우리 모두 배를 잡고 깔깔거리며 웃었다. 넘어져도 아픈지 몰랐고, 쓰쓰가무시병에 걸릴 위험이 있는지도 몰랐다. 가볍기 그지없는 우리를 그저 품어 주는 대로 즐거운 세상이었다.

　여중 시절, 학교 뒷동산은 벚나무로 가득했다. 4월이 되면 하늘이 가릴 정도로 가득 피었고, 따스한 바람이 불면 꽃비가 내렸으며, 향긋한 봄 내음이 우릴 키웠다. 꿈과 낭만이 가득한 뒷동산은 어디에 내놔도 손색이 없는 우리만의 쉼터였다. 봄엔 합창대회 준비로 노래가 울려 퍼졌고, 가을 체육대회 때에는 반 대항 군무가 열려 삼삼오오 한국무용을 연습했다. 여름엔 시원한 그늘로 숨어들었고, 나뭇잎 떨어지는 가을엔 학교 학예제가 열려 시몬은 왜 잎이 떨어지는지 답해야 했다. '백마 탄 왕자님은 언제 나를 데리러 오시려나?' 그 시절 우리의 사춘기는 뒷동산이 감당해 내고 있었다.

여고는 산꼭대기에 있었다. 학교 뒷동산은 그야말로 숲과 맞닿아 있었지만 더 이상 올라갈 수 있는 길이 없었다. 봄이 되면 소소하게 벚꽃이 몇 그루 피었지만 나를 품어 주기엔 역부족이었다. 그땐 미처 몰랐다. 고등학생에게 뒷동산은 그리 중요하지 않다는 것을. 그렇지만 뒷동산은 여전히 우리를 안쓰럽게 여겼는지, 매점 가는 오솔길을 내주고, 더운 여름이면 교실로 시원한 바람을 실어 보냈다. 하지만 우리 중 누구도 뒷동산이 건네는 호의에 답하는 친구는 없었다. 대학을 준비하는 우리에게 뒷동산에서 보내는 시간은 사치였으니. 잘은 몰라도 아직 여고 뒷동산은 외사랑 중일 것이다.

사회인이 된 후, 숲은 한동안 피곤한 장소였다. 직장 상사를 따라 억지로 가야 했던 고행길이었다. 청바지에 운동화만 신고 산에 오르던, 등산복도 흔하지 않던 시절이었다. 한번은, 김해 한 야산에 단체인원이 올라갔다. 초행길이라 사람들은 뿔뿔이 흩어졌고, 길을 몰라 가파른 경사길을 공비처럼 구르며 내려왔다. 그래도 정해진 시간에 도착하지 않으면 혼나던 '라떼 시절'이었다. 가끔은 동기와 함께 '임금님 귀는 당나귀 귀'를 외칠 곳이 필요해, 욕산행을 감행한 적도 있었다. 화난 목소리를 못 들었을 리 없겠지만 숲은 항상 모른 척했다. 매번 찾아오지 않아도 불평 없이, 언제든 다 풀고 가라며 넉넉하게 품을 내어주었다.

40대 중반이 된 지금, 숲은 웬만히 마음먹지 않고서는 찾지 않는다. 대신 도심의 숲이 나를 반겨준다. 벚꽃이 피는 계절이면, 그 계절이 주는 향기가 있으니 설렘은 조건 반사와도 같아 행복이 묻어난다. 얼굴에 주름은 하나씩 느는데, 설렘은 세월에 보톡스를 주입하고 간다. 하지만, 이 계절이 주는 떨림 속엔 슬픔도 있으니, 이웃이던 지인이 갑작스럽게 세상을 떠났고 그 계절마다 하얀 목련이 핀다. '잘 지내고 있으려나', 어린 자식들을 두고 간 어미가 걱정되어 매년 소식을 전하나 싶어 남모르게 눈물을 흘린다. 목련은 손에 닿지 않을 높은 곳에서 그렇게 쳐다보다 말 한마디 못 한 채 떨어져 피눈물을 흘린다. 그렇게 말 못 할 소식을 전하고 떠난다.

슬픈 안부가 지나가고 나면, 앙상하던 가지 끝에 조용히 연둣빛이 올라온다. 마른 가지 끝에서 피어나는 그 작은 푸르름은 숨길 수 없는 설렘이다. 벚꽃보다도 마음이 몽글거리고, 어느새 마음 한편이 따뜻해진다. 뜨거운 태양과 거센 바람을 지나, 연두는 짙은 녹색으로, 또 갈색으로 물들어 떨어지겠지만, 그때마다 다시 돌아와 속삭인다. "힘내, 나 다시 왔어." 어쩌면 작년에도, 또 그 이전에도 찾아왔을 연두들이, 올봄에도 내게 말을 건넨다. 말없이 스쳐가는 길목마다 꽃을 피우고 잎을 떨구며, 계절의 이야기를 전해 준다. 하지만 나는 겨울이 되어야 비로소, 그 친구가 떠났다는 걸 알아챈다. 그리고 그때야 연두를 품고 있던 가지들이 살며시 전한다. "연두가 너를 정말 많이 사랑했다고." 그렇게 숲은 늘 말없이 나를 품어 주었고, 가장 오래된 친구이자 변함없는 위로였다.

2-5

숲이 나를 부를 때
(서정혜)

    나는 숲길을 걷는다. 따스한 햇살이 어깨를 토닥이고 푸르른 향기가 숨결 속으로 스며든다. 발밑의 흙은 보드랍고 너그럽다. 흙을 디딜 때마다 숲은 나를 조용히 안아준다. 걷고 있지만 멈춘 듯, 머물고 있지만 흘러가는 시간. 숲속을 걷는 일은 몸과 마음과 숲이 하나가 되는 일이다. 몸이 세상에 시달리지 않고 마음이 걱정에서 멀어지며 온전히 숲속에 머물 수 있다. 세상의 소음이 잦아들고 오직 숲만이 나를 감싼다.

    며칠 전, 회동수원지 둘레길을 따라 걸었다. 호숫가를 따라 구부러진 길 끝에서 노란 민들레 한 송이를 만났다. 거제도 고향 마을이 떠올랐다. 바닷길을 따라 발에 밟히던 민들레들. 노란 꽃을 엮어 팔찌를 만들던 어린 시절, 하얀 홀씨를 후 불어 꿈을 날리던 가을날이 생각났다. 하얀 나비들이 내 주변을 나풀거리며 지나갔다. 나비를 쫓아다니던 유년의 어느 봄날이 햇살 속에 되살아났다. 윤

슬에 반짝이는 호수가 소나무 가지 사이로 비쳤다. 사랑하는 사람의 손을 잡고 산책하던 청춘의 어느 날이 떠올랐다. 숲길을 걷다 보면 시간의 경계가 흐려지고, 과거와 현재를 넘나드는 일이 자연스러워진다.

걸음의 리듬은 생각의 리듬이 된다. 숲속을 걷다 보면 아무런 걱정 없이 이 마음에서 저 마음으로 건너갈 수 있다. 숲길 산책은 마음속에 스쳐 가는 수많은 생각들을 붙잡지 않고 흘러보내게 한다. 숲은 마음의 파편들이 조용히 내려앉는 공간이다. 낯선 이국의 숲길이든, 익숙한 동네의 오솔길이든, 숲에 들어서는 순간 다른 차원으로 통하는 비밀의 문이 열린다. 나는 마법처럼 다른 세상으로 즉각 이동한다.

류시화의 수필집 『새는 날아가면서 뒤돌아보지 않는다』에는 '쿼렌시아(Querencia)'라는 단어가 등장한다. 투우장에서 싸우다 지친 소가 잠시 숨을 고르며 기운을 되찾는 공간, 자신이 안전하다고 느끼는 장소를 뜻한다. 세상의 위험으로부터 두려움 없이 쉴 수 있는 곳. 삶의 전장 한복판에서 본연의 자신으로 돌아갈 수 있는 곳. 우리도 자신만의 영역에서 마음을 추스르고 숨을 고르는 시간, 즉 쿼렌시아가 필요하다. 나의 쿼렌시아는 숲이다.

가장 좋아하는 숲길은 양산 극락암으로 올라가는 소나무길이다. 솔향 가득한 숲의 터널을 지나면, 구불구불 춤추듯 서 있는 굵은 나무들이 마치 서로 기대어 이야기를 나누는 듯하다. 휘어지고 구부러진 자연 그대로의 형상이 나무의 아름다움을 온몸으로 보여준다. 바람 소리와 새소리를 들으며 한가롭게 거닐다 보면 어깨 위, 삶의 무게가 한순간에 사라진다. 비가 내리거나 안개가 자욱한 날이면, 그 길은 꿈속을 거니는 듯 신비로운 풍경으로 변한다. 이곳은 나를 치유하는 성소이자, 나를 회복시키는 퀘렌시아다.

나는 주기적으로 숲을 찾아 허파를 정화해야 숨을 쉴 수 있다. 하지만 코로나 시기에는 그 자유로웠던 숲길은 멀어졌다. 대신 숲을 집 안으로 들였다. 130여 개의 식물을 키우며 집안을 작은 숲으로 만들었고, 초록으로 가득한 베란다가 나의 허파가 되었다. 밤늦도록 식물들과 대화하며, 네이버 식물 카페에 글과 사진을 올리며 전문가처럼 공부했다. 카페 회원들은 나를 '식물의 신'이라 불렀다. 흙 한 점 흘리지 않도록 정성껏 포장해 회원들에게 택배로 나누어 주기도 했다. 식물을 보살피는 일은 아침 일찍 시작하여 저녁에도 2~3시간을 훌쩍 넘겼다. 주말마다 분갈이하느라 바빠, 식물 관련 용품을 사는 시간을 제외하고 외출을 포기했다. 내 휴대폰 사진첩은 온통 식물들로 가득했고 내 삶은 3년 동안 완전히 초록으로 물들어 있었다.

하지만 그 열정은 뜻밖의 사건으로 끝이 났다. 목욕탕에서 넘어져 갈비뼈에 금이 간 것이다. 그 고통은 상상 이상이었다. 누워도 아프고, 앉아도 아팠다. 기침을 하거나 웃기만 해도 견딜 수 없는 통증이 밀려왔다. 화분을 들거나 물을 주기 위해 허리를 굽히는 일은 더 큰 고통을 불러왔다. 결국, 식물에 쏟던 정성을 줄일 수밖에 없었다. 시간이 흐르면서 식물들과의 거리는 점점 멀어졌고, 베란다의 초록빛 정글은 서서히 생기를 잃어갔다. 식물은 주인의 발걸음을 듣고 자란다. 관심이 줄어들자 초록빛 생명체들은 하나둘 시들어갔다. 처음에는 당근 마켓을 통해 팔거나 주변 사람들에게 나누어 주었지만, 갈비뼈 통증에 그것조차 점점 힘들어졌다. 그렇게 식물에 대한 3년간의 열정이 몇 달 만에 식어버렸다.

이제 나는 다시 숲으로 간다. 천천히 걸으며 숲의 향기를 들이마시고, 나무와 풀의 모양을 바라보며, 새소리를 들으면 마음속 소란이 서서히 가라앉는다. 바깥 세상은 잠시 멀어진다. 걷는 것은 단순한 행위 같지만, 무한히 풍부한 일이다. 그 안에는 치유와 깨달음이 들어있다. 숲길 산책은 그 자체가 목적이며, 목적지이다. 살아가다 보면 길을 잃기도 하고 방황도 하게 된다. 우리가 붙잡고 있던 것이 자신을 옭아매는 줄이 되기도 하고, 열정이 짐이 될 때도 있다. 하지만 숲길을 걸으면 알게 된다. 놓아야 할 것과 붙잡아야 할 것, 머물러야 할 때와 떠나야 할 때를.

우리는 저마다의 퀘렌시아가 필요하다. 삶이 지칠 때 다시 일어설 힘을 주는 곳, 길을 잃을 때 본래의 자신으로 되돌려 주는 곳. 나에게 그것은 숲이다. 숲이 나를 부를 때, 나는 다시 살아난다. 다시 나 자신이 된다. 당신의 퀘렌시아는 어디인가? 세상의 무게를 내려놓고 가장 자신다운 모습으로 머무를 수 있는 곳. 그것이 물리적인 장소가 아니어도 좋다. 어머니와 함께하는 시간, 마음을 울리는 음악을 듣는 순간, 사랑하는 사람과 나누는 대화 속에서도 우리는 '퀘렌시아'를 찾을 수 있다. 삶이 벅찰 때, 당신을 지켜줄 자신만의 시간과 장소를 찾기 바란다. 그곳에서 다시 당신 자신으로 살아나기를.

2-6

내 안의 숲을 깨우는 시간
(양미란)

현재 사는 아파트로 이사 온 지도 벌써 1년이 넘었다. 전에 살던 동네에서는 가까이 있는 배산의 완만한 산길을 거의 매일 걸었다. 그러나 이사 후에는 산과 멀어진 데다 바쁜 일상이 계속되면서 가벼운 산책조차 쉽게 엄두를 낼 수 없었다. 그러던 어느 날 문득 잃어버린 시간을 되찾고 싶어졌다. 그래서 다시 결심했다. 주말만이라도 산에 오르자고.

사실 처음에는 산에 갈까 말까 고민도 참 많이 했다. 바쁜 일상과 피곤함을 핑계로 미루고 싶었지만, 막상 산에 오르면 한 걸음 내디딜 때마다 몸과 마음이 가벼워지는 걸 느꼈다. 역시 시작이 가장 어려웠던 것뿐이다. 산을 오르는 동안 체온이 올라갈 때쯤이면 시원한 바람이 불어오고, 체온이 식을 때쯤이면 다시 따스한 햇볕이 포근하게 감싸준다. '오늘도 해냈구나! 잘했다, 잘했어.' 나는 나를 스스로 칭찬해 본다.

오랜만에 찾아간 산길에서 나는 대자연의 품이 얼마나 넉넉한지 새삼 깨닫는다. 부드럽게 불어오는 바람, 계절의 변화를 알려주는 작은 야생화들, 사뭇 무성해진 나뭇잎의 그늘 속에서 재잘거리는 새들의 대화, 그리고 정상에 오르면 발아래 넓게 펼쳐지는 장엄한 파노라마…. 숲속을 걸으면 잃어버렸던 감각이 다시 깨어나는 것을 느낀다. 똑같은 날이 단 하루도 없기에, 숲에서의 시간은 늘 새롭고 신비롭다. 하지만 산은 이렇게 많은 것들을 풍성하게 내어주고도 잃는 것이 없어 보인다. 그래서 이번 봄은 더욱 깊이, 더욱 또렷이 여유로운 산행을 즐겨본다.

숲은 우리에게 공존과 균형의 가치를 가르쳐 준다. 나무들은 햇빛을 나누며 자라고, 개울은 돌 틈을 비집고 흘러가며 스스로 길을 만든다. 자연은 어느 하나 억지로 다그치지 않고도 조화를 이룬다. 하지만 우리는 문명의 이기 속에서 자연의 리듬을 잊고, 효율성과 경쟁에 매몰된 삶을 선택했다. 숲속에서 나는 조급했던 마음을 내려놓고 자연의 흐름에 몸을 맡기는 법을 배운다.

또한, 숲은 우리의 몸과 마음을 일깨우는 특별한 힘을 지니고 있다. 도심 속에서는 모니터를 들여다보고 자판을 두드리는 익숙한 감각에만 적응되어 있지만, 숲에서는 나뭇잎을 스치는 바람을 온몸의 감각으로 맞아들인다. 축축하고 차가운 흙을 맨발로 느끼고, 피톤치드 듬뿍 담은 편백나무 향기를 폐부 깊이 들이마신다. 이러한 경험을 통해 우리는 오랜 시간 잊고 있었던 또 다른 나를 다시 깨울 수 있다.

문득 어릴 적 생각이 나서 사진첩을 찾아보았다. 초등학생 시절, 하얀 블라우스에 멜빵 치마, 하얀 타이즈까지 단정하게 차려입었다. 소풍을 갔던 날의 내 옷차림이다. 산 정상까지 오르느라 힘이 들어 무표정한 모습의 사진 속 내 얼굴…. 그리고 내 옆에 있는 친구들도 역시 얼떨떨한 표정이고, 오직 담임선생님만 활짝 웃고 계신다. 힘들었던 산행 끝에 도착한 정상에서 우리는 피곤함에 지쳐 있었지만, 선생님의 환한 미소가 그날의 즐거웠던 기억을 소환해 준다.

소풍에서 빠질 수 없는 즐거운 놀이, 보물찾기…. 하지만 난 보물찾기에 소질이 없었던 것 같다. 매번 허탕을 쳤던 것 같은데, 한 번 정도는 찾았었던가? 그런데 선생님이 얼마나 꼭꼭 숨겼길래 찾을 수 없었던 걸까? 지금도 그 궁금증이 풀리지 않고 있다. 그리고 '소풍' 하면 떠오르는 또 하나의 즐거움은 김밥 도시락이다. 사실 내 소풍 도시락은 김밥이 아니었다. 소풍 때마다 과자와 음료 하나쯤은 있었던 것 같지만, 김밥을 매번 가져가지는 못했다. 아마도 우리 집 형편이 좋지 않았기 때문이었을 것이다. 친구들의 도시락에 가지런히 줄지어 놓인 김밥은 내게 동경의 대상이었다. 그래서 맛있어 보이는 도시락을 가져온 친구들 사이를 기웃거리다가 한입 얻어먹었던 기억이 난다. 친구가 나눠준 김밥과 음식들은 정말 말도 안 되게 맛있었다. 역시 소풍을 대표하는 음식은 김밥이 아닌가 싶다.

어른이 된 현재, 현대인의 퍽퍽하고 건조한 삶에서 윤기와 여유를 찾기 위해서는 자연과의 연결을 회복하는 것이 필수적이다. 디지털 피로에 지친 우리는 종종 재충전을 위해 일상을 탈출하곤 하는데, 자연과 가까워지는 데서 진정한 회복이 시작된다. 매일 짧은 산책을 하거나, 주말에 가까운 숲을 찾는 것만으로도 우리의 감각은 서서히 되살아난다. 그리고 우리가 생태적 사고를 바탕으로 하는 지속 가능한 삶을 함께 실천해 나간다면 자연은 항상 우리에게 진정한 회복을 선물해줄 것이다.

편리함과 효율성만을 추구하는 도시의 생활 속에서는 그 안에 내 삶이 매몰되어가기 마련이다. 진정한 나를 찾고, 내 삶을 오롯이 내 것으로 만들기 위해서는 자연과 나를 다시 연결하려는 노력이 필요하다. 숲은 그저 단순하게 나무들이 무성한 공간만을 가리키는 장소가 아니다. 그곳은 우리가 잃어버린 본능과 감각을 되찾고, 본연의 자아를 되찾을 수 있는 회복의 쉼터이다. 이제 나는 숲에서 배운 공존과 균형의 지혜를 내 삶 속에 적용하며, 자연과 함께 살아가는 길을 모색해나갈 것이다. 그렇게 할 때, 비로소 온전한 나 자신을 찾을 수 있다고 굳게 믿기 때문이다.

2-7

"느려도 괜찮아 잘하고 있어서" 라고 말한다

(이명숙)

　나무가 빼곡한 숲속에 들어가면 복잡한 세상에서 살아가던 나는 낯선 곳에 들어선 듯한 약간의 불편함을 느낀다. 하지만 이내 불필요한 말과 소음에 지쳐 있던 내게 숲은 포근한 위안을 준다. 마치 오래된 친구처럼 다가와 조용히 나를 감싸 안으며, 잊고 있던 편안함을 선물해 준다. 푹신한 신발 같은 흙길이 이어지고, 바람에 실려 오는 나뭇잎 스치는 소리가 들리며, 나무들은 말없이 내 온몸을 감싸 안으며 쉼을 건넨다. 사람들은 삶의 무게에 짓눌려 살아가지만, 자연은 언제나 우리에게 휴식과 치유의 공간을 제공한다. 직장이라는 치열한 경쟁의 숲에서 벗어나 자연이 주는 평화로운 안식을 찾아가는 것은 삶의 지혜가 아닐까.

　직장에 나가지 않는 휴일에는 아이들과 자연휴양림을 자주 찾아가곤 했다. 숲속으로 들어가면 기분이 좋아지고 숲의 향내가 상쾌한 느낌을 주었다. 어느 금요일, 퇴근 후 가족과 조카들을 데리고 늦은 밤 휴양림으로 향했다. 항상 낮에만 갔었는데, 그날은 퇴근 후에 출발을 하였는데 가는 도중에 비가 내렸다. 처음에는 조금씩 내리더니 숲속으로 들어갈수록 많은 비가 내렸는데 숲속은 깊고 낯설었다. 칠흑 같은 어둠 속에서 차의 헤드라이트만이 앞을 비추며 나아갔다. 구불구불한 산길은 마치 거대한 뱀처럼 우리를 휘감으며 어디로 인도하는지 알 수 없었다. 어떻게 도착했는지 모르게 우리는 휴양림 숙소 주차장에 도착했다. 휴양림 카운터에서 키를 받아 숙소에 도착을 하였으며 숙소에 들어가니 아늑하고 따뜻했으며 방 안에 퍼진 편백 향이 차를 타고 오는 동안 쌓인 피로를 말끔히 씻어주었다. 다음 날, 모두는 아침을 먹고 함께 폭포가 있는 곳까지 걷기로 했다. 어제의 긴장감과 두려움은 온데간데없었다. 숲은 한 폭의 그림 같았다. 조용함 속에서 큰 나무는 큰 나무대로, 작은 나무는 작은 나무대로 완벽한 조화를 이루고 있었다. 나뭇가지 사이로 햇살이 스며들며 한 줄기 빛으로 우리를 비추었다.

22살, K 회사에 입사하며 나는 직장이라는 큰 숲으로 들어갔다. 길을 찾느라 헤매고, 복잡한 환경에 적응해야 했다. 생소한 업무들을 익히며 직원들과의 무리 속에서 전쟁 아닌 전쟁터 같은 하루를 매일 살았다. 한 대의 전화기를 여러 직원이 함께 사용하던 시절이었다. 그 한 대의 전화기로 전화를 걸고 받고 해야만 했다. 긴 통화는 감히 엄두도 내지 못했다. 전화기를 함께 써야 했기에, 통화가 길어지면 곁눈질을 받기 일쑤였다.

청소는 25세 미만 직원들의 몫이었다. 환경미화원이 있지만, 사무실만큼은 청소해주지 않았다. 우리는 당번을 정해 바닥을 쓸고, 책상을 닦았다. 선배들의 규율은 엄격했고, 지키지 않으면 눈치와 지적이 따라왔다.

업무는 쉴 틈 없이 바빴다. 화장실조차 오전 한 번, 오후 한 번 다녀오는 게 당연한 분위기였다. 잠시 숨 돌릴 틈도 없었다. 야근은 일상이었다. 그렇게 하루가, 그리고 또 하루가 흘러갔다.

어느 날, 한 직원이 매일 야근을 견디다 못해 다른 쪽으로 자리를 바꾸어 달라고 했다. 과장은 대체할 사람을 찾다가 결국 나에게 "너 저 일 한번 해볼래?"라고 말했다. 나는 아무 생각 없이 "예, 하겠습니다"라고 답했다. 그 일이 힘들어서 아무도 하지 않으려고 했는데 내가 덜컥 그 일을 한다고 하니 사람들이 "그래 너라면 할 수 있어"라고 말했다. 최대한 일을 빨리하면 어린아이들이 기다리는 집을 빨리 갈 수 있어서 정말로 열심히 업무를 하여 정시 퇴근을 하려고 했다. 남들보다 두 배 빠른 속도로 일을 처리하려 애썼으며 점심시간은 십 분 내로 줄였다. 동료와 잡담도 하지 않고 바로 업무를 처리했고 수시로 서류 정리정돈을 체계화하고 서랍 물품을 칸별 분류하여 물건 찾는 시간을 줄였다. 어느 날 부서장이 "너 일 처박아 놓고 집에 가냐?"라고 했을 때, 나는 순간 이건 무슨 소리인가 싶어서 "과장님 저 숨도 안 쉬고 일했습니다"라며 사물함을 열어 정리된 서류들을 보여주었다. 두꺼운 대장 사이에 있어야 할 서류가 전혀 보이지 않았고 이름별로 정돈이 되어 있는 사물함을 봤다. 과장은 소리 없는 웃음으로 미소를 지었다. 얼마 후 나는 모범 직원들이 가는 해외 연수를 가게 되었다.

시간이 지날수록 일보다 힘들었던 건 사람과의 관계였다. 특히 기억에 남는 것은 한 동료와의 갈등이었다. 업무 수행 방식의 차이로 인해 서로 이해하지 못하고 오해가 쌓였다. 그녀는 꼼꼼하고 체계적인 것을 선호했고, 나는 빠르고 효율적인 것을 추구했다. 어느 날 그녀가 아픈 가족을 돌보느라 힘들어하는 모습을 보게 되었다. 그녀의 꼼꼼함이 불안감에서 비롯된 것임을 이해하게 되었다. 반대로 그녀도 내가 아이들 때문에 서두르는 이유를 알게 되면서 서로를 이해하게 되었다. 숲속의 나무들은 가지가 부딪치기도 하고 다른 나무에 기대기도 하지만, 싫다는 표현도 없고 비교도 조급함도 없다. 작든 크든, 햇빛을 받든 받지 않든 서로 어우러져 자라나지 않는가! 키 큰 소나무는 작은 관목을 깔보지 않고, 오히려 바람막이 역할을 해준다. 덩굴식물은 큰 나무에 의존하지만, 그 나무에 해를 끼치지 않는다. 각자의 역할과 위치에서 최선을 다하며 전체적인 조화를 이룬다.

숲을 걸으면 가까이에 있는 친구처럼 자주 놀러 오라고 손짓하는 것 같다. 예전에 생각했던 두려움보다는 편안함을 준다고 말하는 듯하다. 비밀스러운 이야기도 많이 할 수 있다고 속삭이는 듯하다. 숲은 나에게 말한다. "어렵고 힘들 때 와서 걷고 가라"고. 각기 다른 종류, 다른 모양을 가진 나무들이 서로 조화를 이루며 아름다운 숲을 이룬다. 사람도 마찬가지다. 서로 다름을 인정하고 살면 아름다운 세상이 되리라 생각한다. 모든 것들을 내려놓고 비교와 긴장의 숲을 지나, 나무처럼 살아가는 길을 오늘도 걸어본다. 자연이 주는 평화로운 안식 속에서 진정한 나를 찾고, 타인과 조화로운 관계를 만들어가며, 매 순간 최선을 다하는 삶을 살아가고 싶다.

오늘도 또 누군가는 직장이라는 치열한 숲에서 지쳐 쓰러져 간다. 하지만 잊지 말자. 우리에게는 언제나 마음의 휴양림이 있다는 것을. 완벽하지 않아도 괜찮고, 남들보다 느려도 괜찮다. 등나무가 남에게 기대도 다른 나무에게 피해를 주지 않고 그 자리에서 묵묵히 자라나는 것처럼, 우리도 우리만의 속도로 천천히 자라가면 된다. 그리고 가끔은 모든 것을 내려놓고 숲을 걸어보자. 자연이 우리에게 속삭여 줄 것이다. "괜찮아, 넌 이미 충분히 잘하고 있어."

2-8

숲에서 인생의 길 찾기
(이은숙)

    고등학교를 졸업하고, 대학에 다니면서 장학금을 받기 위해 고군분투하면서 대학을 졸업했다. 졸업 후 취업하고, 입사 전 10일 정도 여유시간이 생겼다. 10일이라는 시간 동안 무엇을 할지 고민했다. 그냥 흘려보내긴 아쉬웠다. 그래서 배낭 하나 메고 10일 동안 전국일주를 시작했다. 물론 전국일주를 하기에는 부족한 시간이었지만 처음 하는 혼자만의 여행이 마냥 신났다. 전국 일주의 핵심은 목적지를 정하지 않고, 무작정 출발하는 것이었다. 첫 출발지 부산역에서 기차를 타고 서울로 갔다. 서울에서 가고 싶은 목적지를 결정하고 부산으로 내려오는 계획을 잡았다. 조금 무모하긴 했지만, 20대 중반으로 어려서 가능했다. 특히 목적지를 정하지 않고 여행한다는 것이 좋았다.

    일단 서울로 가서 대학로에서 연극 공연을 봤다. 지금은 제목도 기억나지 않는다. 부산에서는 공연 관람의 기회가 많지 않아 대학로에서 연극 공연을 봤다는 것 자체가 좋았다. 마치 서울 사람이 된 것처럼 우쭐했다. 공연을 보고 찜질방에서 숙박했다. 갓 졸업한 대학생인 나는 돈이 부족했다. 당시에는 여행으로 숙박을 호텔이나 모텔에서 하는 것도 사치였다. 그때 찜질방은 숙박과 목욕을 한꺼번에 할 수 있어서 저렴하게 숙소를 해결할 방법이 되었다.

숙박을 줄이는 또 하나의 방법은 이동하는 기차에서 숙박하는 것이었다. 당시에는 무궁화호보다 더 오래 탈 수 있는 비둘기호라는 기차가 있었다. 정차 시간도 길고, 오래 탈 수 있어서 도시에서 도시로 이동할 때 활용했다. 기차에서 자면 숙박을 해결할 수 있어서 좋았지만, 씻는 것이 해결되지 않아 지하철이나 기차역에서 씻고 이동했다. 지금 생각하면 엄두가 나지 않는 방법이지만 당시에는 즐겁게 여행했던 것 같다.

서울 다음 여행지는 춘천이었다. 춘천에 가는 기차에서 김현철의 '춘천 가는 기차'라는 노래를 들으면서 갔다. 춘천에 갈 때는 왠지 '춘천 가는 기차'를 들어야 할 것 같다. 춘천에서 유명한 곳을 몇 군데 들렀다가 춘천에서 유명한 닭갈비도 먹고, 즐거운 여행지로 기억한다. 강원도 춘천의 추위는 부산에서는 생각해 보지 못했던 추위였다. 지금 생각해 보면 체감상 재작년 북유럽 여행 아이슬란드 때보다 더 추웠던 것 같다. 아이슬란드는 추위를 대비해 만반의 준비를 해서 덜 추웠을지 모르겠다. 강원도는 추위에 대한 준비를 덜 해서 그런지 너무 추웠던 기억이 난다. 강원도 감자옹심이, 메밀전병은 맛있어 잊지 못할 음식이었다. 너무 맛있어서 한 박스를 사서 집으로 보냈던 기억이 난다.

춘천에서 제천으로 이동했다. 여행지에 가면 될 수 있으면 지역 시장을 가보려고 한다. 지역 시장에서 유명한 지역 특산품도 구경하고, 그 지역마다 지역색을 볼 수 있어서 시장을 좋아한다. 시장을 구경하고 근처 공원에 들렀다. 정확히 지명은 생각나지 않지만, 도심에 있는 공원으로 기억하는데 마치 숲속에 있는 것처럼 나무도 많고 산책하기에 좋은 곳이었다. 초록의 힘이었을까? 하루하루 바쁘게 살던 삶에 휴식처가 되어주었다. 도심에서 느끼지 못했던 편안함이 있었다.

그때 그 숲은 짧은 여행지가 준 선물 같았다. 계절 따라 다양한 모습으로 편안함을 주는 숲길이 기대되었다. 기회가 된다면 꼭 다시 한번 가보고 싶다. 변화가 많은 듯, 변하지 않는 것이 숲인 걸까? 그러고 보면 사람과 비슷하다. 사람도 다양한 사람이 있는 것처럼 숲의 나무도, 꽃도 다양했다.

숲에서는 부는 바람의 냄새도 다르다. 나무의 향기, 땅에서 나는 흙냄새, 그리고 어디선가 들리는 물소리…. 그곳에서 자연의 소리를 듣고 있으면 도심의 속도와는 다르게 느껴진다. 숲에 있으면 마치 시간이 멈춘 듯한 느낌이 든다. 도심에 살다 보면 현실적으로 된다. 하루를 살아내기 바쁜 게 현실이다. 삶의 여유라곤 찾아보기 어렵다. 하지만 숲에서는 핸드폰에 손이 가지 않고, 나무를 보고, 꽃을 보고, 하늘을 보게 된다. 나무 사이로 보이는 하늘도 예쁘다. 평소에는 하늘을 못 봤다고 생각하지 못했다. 숲에서 보는 하늘은 유난히 깨끗하고 높아 보인다. 아마도 숲이 주는 선물 중 하나일 것이다. 숲에서는 시간 가는 것이 아깝다.

숲은 흔히 치유의 공간이라고도 한다. 숲은 변하지 않는 것처럼 보이지만 조금씩 계절을 나타낸다. 숲에서는 미로처럼 길을 잃을 수도 있다. 생각 없이 숲길을 걷다 보면 좀 전에 왔던 길이 아닌지 잠깐 혼란스럽다. 두려울 때도 있다. 길을 잃은 건 아닐까? 지금 이 길로 가는 것이 맞는 것인지 의문을 가지고 걷기도 한다. 우려도 잠시다. 걷다 보면 어느새 사람들이 걸었던 발자국이 보이거나 유독 사람들이 지나간 흔적이 보이면 안도하게 된다. 우리 인생도 마찬가지다. 인생의 수만 가지 길을 걸어가다 보면 다양한 일들이 일어나고 미로와 같이 어떤 일이 펼쳐질지 모르는 것처럼 현실에서도 숲과 마찬가지로 다른 생각을 하면 길을 잃을 수도 있다. 하지만 묵묵히 지금 나의 일을 하다 보면 숲에서 길을 찾듯이 나의 길을 찾는다. 나는 숲에서 나를 돌아보고 새로운 인생의 길을 찾는다.

2-9

나의 반쪽이 사라졌다
(이현정)

　매일 전쟁 같은 아침을 맞이한다. 아이들을 챙겨서 출근한다고 전날 밤 수없이 준비한다고 해도 내 계획대로 되지 않았다. 5분 먼저 준비했다고 생각했을 때 아이에게 급한 똥이 찾아왔고, 10분 먼저 준비한다고 생각했을 때 핸드폰을 두고 나오거나 다른 상황이 벌어지기도 한다. 아이의 발걸음에 맞추어서 걸을 수가 없었다. 직장인 엄마의 합리적 변명이다. 유산의 아픔을 겪고 귀하게 낳은 딸과 아들인데 항상 추억은 없었다. 힘든 기간 나를 안아주고 챙겨주었던 것은 양가 부모님들과 사랑하는 가족이었다. 든든한 힘이 되고 주말에 발 뻗고 잘 수 있는 행복한 공간을 만들어 주셨던 주인공들이었고, 투정과 짜증을 부려도 모든 것을 용서하는 따뜻하고 마음 가득한 나만의 성이었다.

　텔레비전 보기보다는 라디오 듣는 것을 좋아하셨던 시어머님 덕분에 딸이 외국어를 잘할 수 있는 소중한 기회를 얻었다. 뒤늦게 영어를 시작하여 늦은 감이 있었던 딸이 열정적으로 영어를 좋아하는 모습을 보면 어머님 라디오 듣기 교육 방식이 큰 도움이 되었을 것 같다. 힘들고 어려워도 항상 긍정적인 말과 에너지를 가질 수 있었던 것은 엄마의 무한 긍정 유전을 물려받아서이다. 엄마는 웃음이 많고, 생활력도 강하셨다. 아빠의 계속된 사업 실패와 무작정 떠난 부산 정착에도 굳건하게 가족을 지키셨다. 엄마는 따뜻한 긍정 에너지 가득한 분이셨다.

2022년 4월 이렇게 포근하고 안정적으로 나를 안아주었던 나의 숲 반쪽이 사라졌다. 갑작스러운 엄마 죽음에 나에게 남은 것은 엄마가 아팠을 때 찍은 사진과 매일 안부 인사를 물었던 음성녹음 파일뿐이었다. 엄마와 놀러 가서 남긴 추억 사진이 아니라 떠나보내지 못한 아쉬움에 아픈 엄마의 사진뿐이었다. 지금 나는 남은 반쪽 숲에서 '엄마'라는 단어조차 부르지 못하고 살아간다. 매일 아침 출근길 아빠에게 전화한다. 매번 똑같은 시간은 아니지만, 아빠 집을 지나서 지하철로 향하는 출근길에 전화한다. 아빠는 16층 원룸에서 내가 찻길을 건너는 모습을 보며 말한다. "오늘은 초록색 옷을 입었네"라며 멀리서도 내 옷 색깔을 맞힌다. 팔순 잔치를 한 지도 벌써 3년이 지났다. 흑색종으로 힘든 시기를 보냈던 엄마가 우리들 곁을 떠나고 홀로 원룸으로 이사 와서 지내시는 아빠의 모습이다.

오늘도 아빠에게 전화했다. 유달리 오늘은 출근길 평소 시간보다 20분이나 빨리 나왔다. 아빠는 "지하철 타러 가는 길에 나와 있어"라고 말씀하신다. 이 시간에 "왜?" 나는 물었다. "아빠 오늘 어디 가신다고요? 왜 나오셨어요?" 몇 마디 하고 나니 아빠의 모습이 보인다. 아침 9시 약속인데 8시도 되지 않은 시간에 딸내미를 기다린다. 얼굴 한 번 보고 싶다는 마음으로 기다리셨다. 9시까지 어떻게 기다리려고 이 시간에 나오셨는지 알 수가 없다. 아빠랑 지하철역까지 함께 걸어갔다. "아빠, 양정역 가서 지하철 위로 올라가지 마시고 지하철 내에서 기다리세요"라고 당부하고 또 당부하였건만 결국 온천장역에서 나를 보내고 서늘한 지하철역에서 기다리겠다고 하셨다. 지하철 문이 닫히는 순간 아빠에게 말해야 했는데 순간 놓쳤다. 지하철 안에서 큰 소리로 말하는 것을 나름 끔찍하게 싫어하는 나인데 오늘은 품격 없는 행동을 한다. "아빠, 오늘 추워. 지하철 위로 나오지 말고, 햇볕 있는 곳에 앉아서 기다리세요." '햇볕'이라는 단어가 들리지 않는다. 조금 더 크게 조금 더 높은 음성으로 '햇볕'이라는 단어만 5번 말했다.

아빠는 "알았어. 조심히 가. 조심히 다녀"라는 말만 반복한다. 엄마가 돌아가시고 큰 충격을 받으신 아빠는 손 떨림이 심해지더니 파킨슨병이 왔다. 젊었을 때 엄마는 아빠에게 음식 한 번 만들지 않게 만드셨고, 집안 가장이신 아빠에게 극진하게 음식을 만들어서 대접해 드렸다. 일명 '보양식'으로 든든하게 만들어주셨다. 아빠는 그렇게 든든하게 드셔서 그러신지 걸음걸이가 꼿꼿하신 자세로 걸으신다. 지금 아빠가 건강하게 잘 버티고 계신 것도 엄마의 보양식 덕분이라 생각한다. 오늘 아침 뜻밖의 아빠 마중은 나의 힘든 하루를 이길 수 있는 큰 선물이었다. 25년 넘은 직장 생활에서 매일 아침 출근길이 무겁고 힘들 때가 많았지만, 오늘만큼은 어제의 직장 스트레스가 다 날아가는 기분이다.

  아빠는 오늘 이 시나리오를 만들기 위해 많은 생각을 했을 것이다. 아침부터 준비하면서 선물 같은 딸내미 출근길 마중을 두근거리면서 지켜보았을 아빠를 생각하니 나도 모르게 웃음이 난다. 내 숲의 반쪽이 나를 위한 온전한 숲을 만들어 주고 싶은 마음이 가득하다. 세상과 이어지는 구멍들이 너무 많아 순간순간 밀려오는 엄마에 대한 그리움을 떨칠 수가 없다. 지금 나는 엄마가 아플 때 그렇게도 많이 찍은 동영상과 사진을 볼 수가 없다. 나의 핸드폰 갤러리에 엄마가 숨어 있다. 혹시라도 스치듯 엄마의 사진을 보게 되면 나는 뜬금없이 아파트 1층 농구장에서 큰 소리로 외치면서 울부짖는다. '왜 나는 나를 따뜻하게 품었던 숲에 대해서 고마움을 느끼지 못했을까?' 소중한 일상에 중요한 존재였던 그녀를 위해 노력을 하지 못했을까? 세상을 살면서 당연한 것이 절대 당연한 것이 아니고, 고마움과 배려로 쌓았던 언덕이었음을 그때는 알지 못했다.

 앤디 워홀은 '감사는 우리가 가진 것에 대한 인식의 시작이다'라고 했다. 오늘 아빠의 시나리오 덕분에 매번 반복적인 일상의 불편함을 말했던 나를 반성한다. 아빠 덕분에 감사함을 느끼게 되는 하루다. 혼자서 식사하고 엄마의 빈자리를 느껴야 하는 아빠의 마음이 아프게 다가온다. 나도 엄마를 보내고 혹독하게 슬픈 고독을 받는다. 그때마다 울부짖는다. 엄마와 함께했던 일상의 감사함을 가지지 못했던 죄인으로 살고 있다. 지금 나는 나의 반쪽 숲인 아빠가 힘들지 않도록 최선의 노력을 해본다. 무탈한 하루의 소중함을 간직하면서 감사함에 응원을 보낸다.

2-10

나의 평안한 안정제
(전세병)

　숲은 나에게 친숙한 공간이면서 갈 때마다 새로운 느낌을 준다. 우리나라엔 산이 많다. 집 앞에 조금만 걸어가도 작은 동산이 있다. 높지도 않아서 부담 없이 가볍게 산책하러 가기도 한다. 부산은 바다를 끼고 있는 도시다. 덕분에 나는 동네에서 조금만 움직이면 바다가 보인다. 그러나 부산 사람이라고 모두가 회를 좋아하는 게 아니듯 나는 바다보다 산이 더 편안하다. 어릴 때 바다보다 산에 갔던 기억이 더 많아서 그런 것 같다.

　어머니는 걷는 것을 좋아하신다. 어릴 때부터 어머니랑 같이 다닌 적이 많아서 영향이 많았다. 집 앞 승학산도 체력을 기르기 위해 등교 전 새벽에 다녀온 적도 있었다. 산에 들어서면 바깥 풍경이 나무에 가려져 시야에 숲속 안쪽 길만 보일 때가 있다. 개인적으로 그런 순간에서 편안함을 느낀다. 바깥으로 시선이 뺏기지 않고 온전히 스스로만 남아서 나만 바라보는 느낌이 있다. 그 느낌을 즐긴다. 사색하거나 자신과 대화할 수 있는 최적의 장소이다.

숲이라고 다 똑같은 느낌을 느끼지 않는다. 1년 동안 재수를 했던 대성기숙학원은 양산에 있었다. 군대 훈련소보단 상대적으로 백배 낫다. 그러나 나는 도인이 아니다. 해탈하지 않은 이상 한 장소에 오랜 기간 지내는 건 고역이었다. 그곳에 있는 내내 답답함은 쌓여만 갔다. 다행히도 한 달마다 가족이 기숙학원에 면회를 오거나 잠시 외출하는 시간이 있었다. 어떤 때는 외박이 가능할 때도 있다. 부모님이 양산으로 오셔서 외출을 나간 적이 잦았다. 자주 간 곳은 양산에 유명한 사찰인 통도사였다. 절에 들어가기 전 입구부터 시작되는 숲길이 있다. '무풍한송로'라고 되어 있는 길이다. 얼핏 봐도 오래되어 보이는 소나무 고목들이 길 양옆으로 쭉쭉 뻗어 있다. 당시 숲은 나에게 정화와 위로의 공간이었다. 갈 때마다 마음속에 응어리져 있는 부정적인 감정들을 씻어냈었다. 덕분에 무사히 1년을 견디고 기숙학원을 나올 수 있었다. 잠시의 시간이라도 함께해 준 부모님과 그 숲에 지금도 감사한다.

수능 전날에도 어머니와 같이 숲을 거닐면서 대화를 나눴던 적이 있다. 부산 대신동에 있는 구덕도서관에서 공부하다가 점심을 먹고 걸었다. 매번 거닐던 숲이었지만 만감이 교차하는 날이었다. 열심히 했다고 자부할 순 없지만 그래도 잘 버텨왔다고 생각하는 지난 시간이 머릿속을 지나쳐갔다. 생각이 많아질 수밖에 없었던 이유 중 하나는 어머니였다. 고등학교 때부터 옆에서 묵묵히 지켜보며 응원을 계속해 준 것들이 정말 감사했다. 아무리 부모라고 하더라도 부모도 평범한 사람이다. 옆에서 지켜보는 입장에서 답답하고 할 말이 많았을 거라고 생각한다. 그럼에도 불구하고 안내하며 말을 삼가고 감정을 걸러내시며 기다려주셨다. 엄청난 마음 수양의 시간이 필요했을 것이다. 지나서 다시 한번 회상해 보니 지독히도 힘들었을 감정이 어렴풋이 느껴진다. 내가 대나무숲에서 막 자라나고 있는 죽순이라면 어머니는 나에게 태양 같다. 수많은 주변 대나무들에 가려져 햇살은 보이지 않는다. 그렇지만 한자리에 있는 태양은 분명 나에게 닿고 있고 양분을 나눠주고 있다. 아직 나에게는 어머니 같은 관찰자의 관점을 완벽히 공감하지 못한다. 내가 봤던 글귀 중에 이 문장은 백번 이해한다. '신은 모든 곳에 존재할 수 없기에, 인간 세상에 어머니라는 존재를 만드셨다.'

숲이라는 공간은 나에게 편안함을 준다. 울창하게 펼쳐져 있는 나무들이 요람처럼 날 감싸안아서 보호하고 있다는 느낌이 든다. 기억나는 숲길 중에 제일 인상이 깊은 곳은 기장에 있는 아홉산 숲이다. 처음 갔을 땐 독서모임 야유회날이었던 것으로 기억한다. 부산에 살지만 이렇게나 멋있는 장소가 있구나라고 느끼던 날이었다. 입구에 들어설 때까지만 해도 별 감흥이 없었다. 걸으면서 장소에 대한 설명을 들어 보니 영화나 드라마 촬영지로도 인기가 많은 곳이라고 했다. 그 얘기를 들으니 그제야 풍경이 보이기 시작했다. <군도>, <협녀: 칼의 기억> 같은 시대극을 많이 찍었다고 했다. 드라마로는 <더킹: 영원의 군주>도 찍었다고 했다. 관심이 가기 시작했다.

이 숲에는 대나무가 엄청 많다. 5월에서 6월쯤에는 장관이 된다. 죽순이 올라오는 시기이기 때문이다. 우후죽순이라는 말이 왜 있나 느껴질 정도이다. 바닥에 죽순이 즐비하게 올라오고 있는 광경을 보게 된다. 그 풍경을 보고 있으면 자연의 신비함을 느낄 수 있다. 발목만치 올라온 죽순들이 다음 주에 오면 허리까지 올라와 있었다. 또 얼마 지나지 않아 찾아가면 사람 키를 훌쩍 넘어 고개를 들어야 끝이 보일 정도다. 정말 순식간에 자란다. 아홉산 숲의 대나무 군락지를 지나면 편백과 참나무가 가득한 숲길이 이어진다. 이곳을 걷다 보면 깨끗한 공기로 폐만 아니라 내면이 치유되는 기분이 든다. 나무에서 뿜어져 나오는 피톤치드 향을 느끼며 걷다 보면 저절로 시원해져서 에어컨이 따로 필요 없다.

이 숲이 신기한 점은 규모가 작은 편이 아닌데 국가에서 관리하는 곳이 아니다. 역사를 찾아보니 부근에 살았던 남평 문씨 일가가 400년 동안 조선시대부터 일제 강점기를 거쳐서 조성하고 관리해 왔다고 했다. 이렇게나 큰 규모의 숲을 가문 하나가 관리해 오고 지켜왔다는 것이 놀라웠다. 일제 강점기에는 나무를 포함한 자원들을 수탈해서 반도 안에 민둥산이 많았을 것이다. 그런 상황에서도 소신껏 우리 것이라고 생각하고 지켜왔다. 보이지 않은 노력이 많았을 것이다. 존경과 감탄의 소리가 절로 나왔다. 숲에 깊게 들어가게 되면 400년 동안 살아있는 금강소나무들이 보인다. 세월과 궂은 날씨를 견디고 살아남은 소나무들은 하늘로 치솟아 있다 긴 세월을 견딘 소나무답게 기개가 있어 보여 든든하다.

 말하지 못하는 나무들도 그 긴 세월을 견뎌서 지금의 자태를 뽐낸다. 만물의 영장이라고 불리는 인간으로 태어난 나도 성취해 낼 수 있을 거라며 생각을 바로잡게 된다. 예전에 어머니에게 숲속을 걷다가 "저 참나무처럼 곧게 자란 아들이 될게요"라고 말한 적이 있다. 숲의 자연을 볼 때면 그런 아름다운 모습이 될 때까지 쉬운 게 아니라는 걸 깨닫는다. 다시 한번 열심히 살겠다는 다짐의 현장이 되는 것 같다. 바다도 좋지만 나에게 여러 느낌을 선사하는 숲을 더 선호한다.

3장
골목

3-1

골목 없는 시골에서 만난 미래
(강준이)

 골목이란 단어가 없던 깡촌 마을이 눈을 감고 있어도 극장의 큰 화면처럼 아른거린다. 내가 살던 시골 마을에는 골목이라고 부를 만한 거리가 없었다. 집집마다 넓은 마당이 안과 밖에 있었고, 집과 집 사이에는 논과 밭이 사이좋게 줄지어 있을 뿐이었다. 겨울이면 논은 썰매장이 되었다. 동네 오빠들의 썰매 타는 재주를 구경하다가 얻어 타는 행운도 가끔 누렸다. 여름철에는 동생을 업고 엄마가 품앗이로 밭매는 곳으로 갔다. 밭을 매다가 엄마는 흙 묻은 손을 툭툭 털고 젖먹이 동생에게 젖을 먹였다. 그 시간에 밭 주인 아주머니가 간식으로 가져온 찐 옥수수나 감자를 주면 맛있게 먹었다. 동생을 업고 오느라 힘들었던 것도 옥수수나 감자를 먹으며 잊어버릴 수 있었다. 밭의 곡식을 수확한 후 겨울 밭은 자연스럽게 친구들과 뛰어노는 운동장이 되었다. 자치기, 숨바꼭질, 연날리기 하기에 최고의 놀이터였다.

꽃샘추위가 기승을 부리는 3월 장날이었다. 난생처음 오일장이 열리는 장터에 갔다. 세상 사람들이 다 모인 것 같았다. 초등학교 옆 장터는 평소에는 밭에 지붕만 있는 원두막 같은 건물뿐이었다. 하지만 오일장이 열리는 날에는 횡하던 공터가 사람들로 붐볐다. 아이들의 발길을 유혹하는 흥미진진한 골목으로 변신했다. 두메산골 집에서 아이 걸음으로 한 시간여를 걸어야 갈 수 있던 시장은 시끌벅적했다. 아무것도 없던 장소에 갖가지 물건들이 벽을 만들어 거리가 되었다. 간이 상점들에 걸리고 쌓인 물건 구경은 넋을 빼앗아 갈 정도로 다양했다. 처음 보는 물건에 눈길이 저절로 멈췄던 기억이 새롭다. 장터에 커다란 정자나무가 있었다. 튀밥을 튀겨주는 아저씨는 늘 그 자리에서 튀밥 기계 밑에 장작불을 피웠다. 고만고만하게 자른 장작을 화덕에 넣고 한 손으로 풀무를 돌려 장작불을 세게 만들었다. 다른 한 손으로는 튀밥 기계를 빙글빙글 한참을 돌렸다. "애들아, 귀 막아라!" 펑 하는 소리와 함께 얇은 떡국 한 알이 풍선처럼 커지는 것을 보았다. 아저씨가 마술을 부리는 요술쟁이 같았다. 입을 벌리고 귀를 막고 구경하던 우리에게 한 움큼씩 주시면 펄쩍펄쩍 뛰며 받았다. 받자마자 튀밥은 입안으로 직행했고 바삭거리며 사르르 녹았다. 시장 구경을 정신없이 하고 나면 집으로 가는 신작로를 우르르 뛰어다녔다. 길가 징검다리 사이로 흐르는 냇물에서 다슬기도 잡았다. 바위에 달라붙어 있던 다슬기는 손이 다가가는 낌새를 알아차리면 바위 사이로 금세 굴러 떨어져 찾기 어려웠다. 마을과 마을 사이 큰 신작로에서 가끔 달구지가 지나가는 모습이 보이면, 누가 뭐라고 말하지 않아도 달음질쳐서 달구지에 올라탔다. 마을 어른들은 학교 갔다 오는 아이들이 달구지에 타는 것을 보지 않는 척했다. 어느 마을로 가는 달구지인지도 모르면서 무작정 타고 가다가 우리 마을로 가지 않으면 아쉬워하며 뛰어내렸다. "워워! 이놈들아, 다친다!" 우리가 걱정되는 아저씨는 소고삐를 잡아당기며 호통치며 달구지를 세워줬다.

 중학교 졸업 후 부산 구서동 태광산업에서 근무했다. 지금은 상상하기 어렵지만 그 당시 구서동에도 고향처럼 논이 있었다. 풍경이 시골 고향과 비슷했다. 모내기한 논에서 개구리 울음소리를 들었으니까. 자취를 같이 하던 사촌 언니가 직장을 옮기면서 금사동으로 이사했다. 제조업 공장이 많던 금사동 골목골목을 올라가야 하는 달동네에 방을 구했다. 처음 이사했을 무렵에는 집을 찾는 것이 쉽지 않았다. 늦은 저녁이나 밤에는 골목을 다니는 사람들의 발자국 소리가 창문을 두드리는 소리처럼 들릴 정도로 좁은 골목길이 많았다. 골목길을 따라 올라가다 내려오는 사람을 만나면 옆으로 비켜서야 할 정도로 좁은 길도 있었다. 어떤 날에는 골목길 혼자 걷기가 무서워서 먼 길을 걸어서라도 큰길을 찾아 한참을 돌아가야 했다. 긴 시간 일터가 된 부산대학병원 후문 쪽 윗동네 이름은 까치고개다. 산등성이에 집들이 옹기종기 있어서 골목길의 정수를 느끼기에 충분했다. 점심시간을 이용해 산책하는 코스가 되기도 했던 마을이다. 까치고개 올라가는 곳에 비석마을도 있다. 한국전쟁 피란 수도의 흔적을 곳곳에서 볼 수 있다. 작은 집들이 촘촘하게 붙어있는 길은 거리라고 할 수 없을 정도로 좁아서, 가다가 행인을 만나면 둘이 지나치기 어려울 정도였다. 골목 중간중간에 안심 벨이 설치되어 있고, 소방도로가 없는 골목집 벽에는 던지는 소화기도 걸려 있는 것을 볼 수 있다. 까치고개와 연결된 감천문화마을의 골목은 유명한 관광지가 되어 찾는 사람이 많다. 친구와 걷다가 이곳이 왜 관광지가 되었는지 모르겠다고 했더니 친구가 경험담을 들려줬다. "할아버지, 이 동네는 어느 장소에 가면 구경하기가 좋아요?"라고 물었다가 혼이 났다고 했다. "좋기는 뭐가 좋아! 못 사는 것 구경들 오는 것 아니가!" 핀잔을 들어서 민망했다고 말해줬다.

승학산 등산길에서 내려오다 비를 만났던 날이 있었다. 꽃동네 마을에서 산 밑으로 난 길을 따라 대신동으로 내려오는 산동네 마을에 이르렀을 때, 갑자기 불어난 물살이 골목을 눈 깜박할 사이에 계곡물처럼 흐르는 것을 보았다. 무섭기도 하고, 길옆 집 방으로 물이 들어가면 어쩌나 걱정하면서 내려오던 날의 기억도 가끔 떠오른다. 지금은 다닥다닥 붙어서 어렵게 살던 동네가 관광지가 되어 찾는 사람이 많아졌다. 나도 직장 생활을 하며 단칸방에 공용 화장실을 쓰는 집에서 자취하던 시간이 생각나면, 구불구불 골목길을 걸어 퇴근하던 길이 스케치북의 한 페이지처럼 펼쳐진다. 골목 하면 마치 봇짐장수의 봇짐 속 물건만큼이나 많은 생각으로 머리가 복잡해진다. 칠갑산 자락의 시골에서 살던 곳은 논과 밭이 길이요 거리였다. 단칸방에서 자취하던 동네에서는 옆방 아주머니네 가족의 친절과 그들의 속사정을 알고 지냈다. 하지만 지금 아파트 앞집에는 누가 사는지 모른다. 가끔 큰소리로 짖는 강아지 소리만 들린다. 살고 있는 사람을 직접 마주친 적이 없다. 윗집이나 아랫집에 할 말이 생겨도 경비실을 통해서 소통한다. 주인이 집을 팔고 멀리 이사를 하고, 임차인이 자주 바뀌어서 더욱 모르고 지내기도 한다.

시골에서 생활할 때는 깜깜한 밤에 만나는 사람도 기침 소리와 발걸음 소리로 알 수 있었다. 밤길에 인기척이 느껴지면 서로의 존재를 알리는 헛기침을 하는 것이 시골의 예절이었다. 좁은 골목길을 가다가 사람을 만나는 것이 무섭지 않고 친숙했던 그 시절. 산동네 골목 사람들에게는 그런 우연한 만남이 얼마나 자주 생겼을까? 지금 나에게는 이웃들의 정겨움을 느낄 수 있는 골목을 대신해 주는 곳이 카톡방이나 블로그 동네인 것 같다. 지금 나에게는.

골목이 없던 시골에서 골목을 거쳐 아파트에 이른 우리. 어쩌면 우리가 정말 찾아야 할 것은 다시 그 골목길 같은 마음이 아닐까. 서로의 존재를 알리는 헛기침 같은 따뜻한 배려, 달구지에 아이들이 타는 것을 모른 척해주던 어른들의 너그러움 같은 것 말이다. 이제라도 늦지 않았다. 아파트 복도에서라도, 엘리베이터에서라도.

3-2

'살아 있음'의 감사함
(강지원)

우리는 더 나은 미래를 위해 현재를 희생한다. 돈, 명예, 성공을 좇아 달리다 보면 지금 이 순간의 소중함을 잊고 만다. 지나고 보니 인생에서 가장 값진 것은 화려한 성취가 아니라, 사랑하는 이들과 함께한 소소한 시간들이었다. 환갑을 넘긴 지금, 나는 비로소 '살아 있음' 자체가 얼마나 축복인지 깨닫게 되었다. 후회와 아픔, 기쁨과 깨달음으로 이어진 내 인생 여정을 통해 오늘 하루를 온전히 살아내는 지혜를 얻는다.

부모는 자식을 위해 돈만 벌어오면 된다고 믿었다. 사랑하는 아이들에게 좋은 엄마가 되어 주지 못하고 죄책감을 가슴에 안은 채 오로지 직장에만 올인했다. 퇴직할 무렵, 큰아들은 결혼하고 작은아들은 분가했다. 아이들에게 신경 쓸 여유가 생겼지만, 아이들은 이미 제 삶을 찾아 떠난 뒤였다.

공무원 시험에 합격하고 하동으로 발령받았다. 지금은 평균 수명이 많이 길어졌지만, 내가 20대일 때는 40대만 되어도 나이 들어 보이던 시절이었다. 늦둥이였던 내가 취직할 때 엄마는 이미 65세가 넘었다. 신경통은 기본이고 병원에서도 원인을 알 수 없는 병으로 매달 한 번씩 고생하셨다. 그런 엄마가 시외버스를 타고 내가 근무하는 하동까지 찾아오셨다. 하필 그날 고정적으로 앓던 병이 도진 것이다. 오한으로 힘들어하시는 엄마를 억지로 부산 가는 버스에 태워 보냈다. 그로부터 2년 후, 엄마는 세상을 떠나셨다. 보고 싶어도 볼 수 없게 되었다. 돌이킬 수 없는 그날의 선택이 38년이 지난 지금도 가슴 아픈 후회로 남아 있다.

"'귓가에 천둥이 쳐도 얼굴은 평안한 호수' 같은 표정을 늘 부러워했는데. 이제 나도 그렇게 되어가고 있다. 이것 역시 암이 가져다준 선물의 하나다."『오늘 내가 살아갈 이유』에서 위지안 작가가 이렇게 말했다. 그녀는 30대까지 성공만을 좇다가 100대 대학교수가 되었지만, 정작 모든 것을 시작하려는 순간 말기 암 판정을 받고 시한부 인생을 살며 이 글을 썼다. 작가는 천둥이 쳐도 평온한 호수 같은 표정을 지을 수 있다는 것이 암이 주는 선물이라고 했다. 나는 퇴직 후 남은 날이 살아온 날보다 적음을 느낄 때마다, 주어진 오늘을 살아갈 수 있음에 감사하게 된다.

나중은 없다. 해야 할 일이면 지금 해야 한다. 나는 원래 즉시 실행하는 스타일이었지만, 사람들과의 관계나 혼자서는 해결할 수 없는 일들로 많은 고민을 했다. 이제는 깨달았다. 스스로 해결할 수 없다면 기다리고, 기다려도 포기하는 법을. 무슨 일이든 억지로 된다는 보장은 없다. 다른 사람의 행동을 내 추측으로 고민하는 일도 하지 않으려고 한다. 상대의 생각과 결정은 내가 아무리 걱정한다고 바뀌지 않기 때문이다.

"받지도 않을 핸드폰을 왜 들고 다녀?" 외박하고 온 남편 핸드폰을 바닥에 내동댕이친 적이 있다. 가정을 돌보지 않을 거면 왜 결혼했냐고 소리도 질렀다. 마이너스 통장을 보며 돈을 어디에 쓰는지 다그치기도 했다. 30년 가까이 그렇게 살았지만, 변하는 것은 없었다. 내가 속상해도 알아주는 사람은 없었다. 이제는 깨달았다. 지금 이 순간에 충실하며 살아가는 것이 진정한 기쁨이라는 것을. 불행은 특별히 바라는 것이 있을 때 찾아온다. '살아 있음' 자체가 목표이자 즐거움이라 생각하면 태양을 볼 수 있는 오늘은 슬픔이 아닌 기쁨으로 다가온다.

여행할 때 캐리어 하나면 충분하듯, 집도 인생도 단순할수록 좋다. 단순함만큼 삶을 쉽고 즐겁게 만드는 것은 없다. 오늘 하루를 열심히 살면 된다. 어제 일을 염려할 이유도, 내일 일어날 일을 걱정할 필요는 더욱 없다. 내일이 반드시 온다는 보장은 없으니까. 내일을 위해 오늘을 희생하는 것은 어리석은 일이다. 나에게 주어진 많은 '오늘'은 지나고 나면 돌이킬 수 없다. 오늘 할까 내일 할까 고민하는 일은 그냥 오늘 하자 오늘을 온전히 살아내는 것, 그것이 지금 내가 할 일이다.

"어차피 다 만난다. 먼저 승진하려고 절대 남을 밟고 가지 마라." 어느 상사의 말이었다. 당연히 그러리라 생각했지만, 정작 내가 밟히게 될 것이라곤 상상하지 못했다. 그때는 승진이 인생의 전부라 여겨 좌절했지만, 이제는 아니다. 실패는 포기했을 때 비로소 찾아온다. 포기하지 않으면 언제나 길이 있다. 승진이라는 걸림돌 덕분에 '독서'를 시작했고, 쇼윈도, 투명 인간처럼 살았던 부부 관계가 진정한 동반자가 되어 지금은 일반 독서 모임 8년과 '부부 독서 모임'까지 3년째 운영하고 있다. 희망이 무너질 것 같았던 순간이 오히려 '우물 안 개구리'에서 벗어나는 계기가 되었다.

아들은 맞벌이를 원치 않았다. 아마도 맞벌이 부모와의 기억이 상처로 남았던 걸까? 적은 월급으로 아들딸 키우며 결혼 6년 동안 다투지 않고 살고 있다. 우리 부부가 60년을 살며 깨달은 것을 아들 내외는 이미 터득한 듯했다. 우리가 이미 살아봤기에 불편함이 무엇인지 알기에, 아이들이 편하도록 미리 챙겨주기도 한다. 계산하지 않고 도움이 필요할 때 바로 도와주고 싶다. 도움은 절실할 때 주는 것이 가장 값지니까.

아들은 둘째를 출산한 지 20일이 안 되었다. 조리원 대신 집에서 지내기에 해야 할 일이 많을 텐데도, 가끔 영상통화로 둘째를 보여 준다. "요즘 어때? 힘들지 않아?"라고 물으면 "괜찮아. 큰애도 키웠는데 뭐."라며 밝게 대답한다. 무슨 일로 바쁜지도 모르면서 '바빠'를 연발했던 나와는 달리, 아들 내외는 여유를 즐기며 삶을 음미하는 그 모습에서 행복이 묻어난다. 아들 내외를 통해 깨닫는다. 돈이 인생의 전부가 아니라는 것을.

한때 나는 지나칠 정도로 승리욕이 강했다. 모든 일에서 최고가 되고 싶었고, 상황을 주도해야 문제가 풀리는 성격이었다. 뒤처지는 것이 싫고 인정받고 싶어 자신을 채찍질했다. 그때는 알지 못했다. 환갑이 되고서야 비로소 깨달았다. 남에게 인정받으러 애쓸 이유도, 특별히 잘난 사람도 없다는 것을. 이제는 그저 살아 있음에 감사할 뿐이다.

누구에게나 자신만의 삶이 있다. 나와 똑같은 삶을 사는 사람은 세상에서 단 한 명도 없다. 내가 떠나면 나 같은 사람은 다시 볼 수 없다. 그래서 소중하지 않은 삶은 없다. 직업에 귀천이 없다는 말처럼, 누군가는 그 일을 해야 조화와 균형이 이루어진다. 잘난 체할 필요도, 누군가를 무시할 이유도 없다. 각자의 사명대로 살아가는 것뿐이다. '살아 있음'이라는 공통된 목표 아래, 저마다의 행복을 찾아가는 것, 그것이 바로 삶이다.

3-3

잊힌 이야기들
(구미옥)

　사전적 의미로 골목 또는 골목길은 건물 사이나 뒷면에 형성된 길을 가리키는 말이다. 나에게 골목이란 부산진역, 지금은 역이 없어졌지만 1960~2000년대까지 부산역에서 출발한 완행열차가 정차하는 곳이기도 했다. 부산진역 앞은 버스가 다니는 큰 대로이다. 버스를 내려 집까지 오려면 여러 개의 골목을 지나야만 했다.

　내가 고등학교 다닐 때까지만 하더라도 우리는 부산진역에서 버스를 내려 현재 부산일보 사옥 뒤편 청과물, 국수집, 생선집, 옷수선집, 여러 종류의 점포가 있는 수정동 재래시장을 지나 동구청 건물 옆으로 나오게 된다. 그러면 조그만 사거리가 나오는데 그 당시 주변에는 수정동 전체 하나밖에 없었던 병원이 있고, 그 뒤로 목욕탕, 철물점, 이불집, 채소, 과일 파는 좌판가게들이 있다.

　초등 2학년 때쯤 하굣길, 집 대문 앞 계단 옆 하수구 고랑에 넘어저 이마가 찢어졌다. 아버지가 나를 데리고 그 병원에 가서 열 바늘로 꿰맨 흉터가 아직 남아 있다. 지금 같았으면 의술이 발달해 이런 흉터는 아무것도 아닐 건데 나는 60년 넘게 이 흉터를 간직하고 있다.

이 조그만 사거리를 지나 차가 다닐 수 있는 신작로를 지나면 이때부터 집까지 골목이 시작된다. 집으로 가는 골목은 여러 갈래가 있었지만 내가 늘 애용하는 골목 하나를 소개하고 싶다.

좁디좁은 골목 양 옆에는 방앗간, 세탁소, 선술집, 과자 몇 개를 내놓고 파는 슈퍼, 양장점 등 수정산 위쪽으로 꼬불꼬불 계속되었다. 중간쯤 가다 보면 판잣집 양 옆으로 산에서 내려오는 개울도 보인다. 개울을 가로지르는 작은 다리를 지나면 가게는 안 보이고 골목길 양 옆으로 집들이 있다. 그중 어쩌다 열린 대문 사이로 마당에 잔디가 있고 봄이면 벚꽃, 목련, 가을이면 감이 주렁주렁 열려 있는 기와집을 볼 수 있었다. 우리 동네에서 제일 잘 살고 비싼 집이었다. 그 집에 누가 살까 궁금해했던 기억이 난다. 조금 더 올라가면 삼거리가 나오는데 오른쪽으로는 수성초등학교 올라가는 골목길이 나오고 왼쪽 적산 집은 조그만 생필품 가게를 운영했다. 이 집도 우리 동네 하나밖에 없는 점포였다. 술을 좋아하는 아버지 해장국을 위해 종종 이 집에 가서 콩나물, 두부, 파 등을 샀던 기억이 난다. 가게 바로 왼쪽 골목길 담장은 실상사 절이다. 아직도 이 절은 건재하다. 무슨 뜻인지 모르겠지만 봉마이절이라 불렀다.

 이 절 담장은 사철나무, 동백나무, 가시나무로 둘러쳐져 있어 절 문을 이용하지 않고서는 내부를 볼 수 없었다. 엄마는 어릴 적 통도사, 범어사로 우리 형제를 데리고 다녔지만, 이 절에는 한 번도 우리를 데리곤 간 적이 없었다. 아마도 대처승 일본인이 운영했던 절이 아니었나 싶다. 수정동, 고관, 초량 아랫동네 평지는 일제 강점기 물자를 수송하는 항만 입구라 일본인이 많이 살아서 적산가옥이 많았다. 해방 후 일본인들이 떠난 후 한국인들이 불하 받아 살고 있었다. 산 밑에 사는 우리보다 잘살아 보였다.

 실상사 절 담벼락을 지나 조그만 도랑이 보인다. 도랑 양 옆 몇 채의 기와집과 엄마의 오촌 당숙 함석집이 보인다. 거기서 계단을 오르면 또 절이 있는데, 그 절 뒤쪽 담장이 우리 집 골목을 겸하기도 했다. 우리 집은 그 담장 위에 자리 잡은 부산항구가 훤히 보이는 함석집이었다.

 난 범일동에 위치한 데레사여중 3년을 걸어서 이 길을 다녔다. 부산진역에서 10여분 걸어 올라오면 경남여고가 보이는데 중학교 졸업 후 이 학교에 다니게 되어 부산진역에서 시작되는 신작로 길을 많이 이용하지 않게 되었다. 중학교 졸업쯤 대청동에서 시작한 영주동-초량-수정동 산복도로가 생겨 가끔 86번 버스를 이용해 학교에 다녀 골목길과도 멀어진 계기가 되었다.

대학 다닐 때도 부산진역에서 버스를 내려 수정동 산복도로 위 우리 집까지 걸어올 때면 밤길에 아무도 없던 절 골목길을 걸어 올 때가 제일 무서웠다. 어쩌다 남학생 친구들이 우리 집 데려다 준다고 하면서 골목길을 빗 삼아 데이트한 기억도 있다. 그 친구들은 어둡고 인적 없는 길을 지날 때면 슬그머니 내 어깨 위로 손을 올리곤 했다.

지금은 동구청에서 올라오는 2차선 도로가 생겨 우리 집까지는 골목길을 이용할 필요도 없다. 아니 그 골목길은 양 옆 집을 헐어 승용차 한 대가 지나갈 수 있는 길을 만들었고 실상사 절 빼고 오촌 당숙 집, 우리 집 앞 절, 엄마 육촌 당숙 집 등 모두가 헐려 산복도로가 생겼다. 부산진역에서 올라오는 골목길도 여러 집터를 헐어 승용차가 다닐 수 있는 길이 만들어졌고, 그 당시 주변에서 많이 볼 수 있었던 적산가옥도 찾아볼 수 없다. 골목길 옆 옹기종기 모여 있던 노후 주택들도 하나 둘 없어져 버리고 개량된 빌라나 단독주택에 살고 있는 노인네들만 볼 수 있다.

우리 형제들은 출가 후 부산, 창원 등지에 흩어져 살고 있다. 엄마 돌아가신 후 빈집이었던, 우리가 살았던 집은 동구청에서 매입하여 소공원으로 만들었다. 2000년대 초 부산을 공포로 몰았던 빈집 살인사건이 있었다. 동구청 옥상에서 수정산 위를 바라보면 빈집으로 지붕이 폭삭 내려앉은 우리 집을 보고 동구청에서 매입한 계기가 되었다고 한다.

도시가 팽창되면서 해운대, 명지, 기장 등 새로운 도심이 생겨났다. 부산의 구도심들은 골목길의 쇠퇴와 함께 노인들만 살고 있는 도시로 퇴락했다. 구도심의 골목길을 보존하고 발전시키는 도시재생 사업을 지자체에서 한다고 한다. 없애는 것만이 최선이 아닌 옛 것을 보존하고 후손들이 선대의 삶의 흔적을 느낄 수 있는 장소를 많이 간직했으면 좋겠다.

어쩌다 수정동에 가게 되면 걷는 골목길이 아닌 차로 다닌다. 결혼하기 전, 태어나고 자란 수정동을 여기저기 둘러보곤 한다. 옛 생각과 부모님 생각을 하며, 나의 청춘을 되새김한다.

3-4

내 어린 날의 우주
(권은주)

어린 시절, 파란 모기장이 쳐진 창문 밖에는 작은 골목이 있었다. 비가 오면 홍수로 골목길이 흙탕물로 차오르던 시절. 그 골목에는 많은 사람이 살았다. 어느 날, 장화를 신고 어른들이 힘을 합쳐 시멘트 길을 만드는 모습이 아직도 생생히 기억난다. 그렇게 도로포장을 마친 골목에는 평상 하나가 생겼다. 무더운 여름, 슬레이트 집은 찌는 듯 더웠고 골목에 그늘이 들어서면 엄마는 나를 가뿐히 들어 올려 평상 위에서 놀게 하셨다. 그 시절 방학 숙제는 왜 그리 길고 지루했는지, 종일 평상 위에서 뒹굴뒹굴하며 8절지에 한글을 섰다 지웠다 반복했다. 너무 지겨워 하늘을 바라보고 누워 있노라면 하늘은 푸른 바다, 흰 구름은 천천히 떠다니는 돛단배 같았다. 그렇게 따뜻한 평상에 바람이 살랑이면 이내 팔베개를 하고 잠이 들었다. 그 시절 시간은 거인 왕국의 소인처럼 천천히 지나갔다.

골목이 시작되는 어귀에는 온갖 잡초들이 가득했다. 바랭이풀을 한 가닥씩 접어 묶으면 우산이 됐다. 묶인 풀을 잡고 올리고 내리면 꼭 우산처럼 활짝 퍼졌다 접혔다. 동그란 토끼풀을 꺾어 손가락 마디에 맞춰 묶으면 꽃반지가 되고, 활짝 핀 분홍색 분꽃을 봉우리째 따 꽃술을 길게 뽑으면 귀걸이가 되었다. 이쁘게 시집갈 준비를 그 어린 나이 때부터 한 것일까? 그런 나를 보면 할머니는 봉숭아 꽃잎을 따다 찧어 백반 가루를 섞어 손톱 위에 올려 넣고 연두색 봉지를 씌워 실로 묶어 물들여 주셨다. 첫눈이 내릴 때까지 손톱에 봉숭아 물이 남아 있으면 첫사랑이 이루어진다고 말씀해 주셨지만, 부산에서는 첫눈이 올 리 만무했다. 골목에는 낭만적인 사내아이가 없었고, 그렇게 첫사랑은 골목에서 나오지 않았다.

　골목 앞 공터에서는 유리 구슬치기를 하는 남자아이들로 가득했고 구슬의 양은 곧 서열을 뜻했다. 가만히 보고 있노라면 어려워 보이지도 않는데 남자아이들은 유리, 구슬을 구멍에 넣지 못하고 상대방 구슬도 맞히지 못했다. 구경만 하던 내가 답답해서 "왜 그걸 못 넣냐?"라며 핀잔주니 "네가 한번 해봐라."라고 준 구슬 한 개로 다 맞혔다. 흙에 손이 더럽혀지면 엄마에게 혼나던 시절이라 몇 번 못 하고 끝냈지만, 그 시절 내가 남자였다면, 골목 안 유리, 구슬은 내 차지였을 것이다. 남자아이들의 주머니 불룩한 유리구슬이 부러웠지만 난 여자아이라 갖지 못했다. 대신, 남동생 구슬 하나를 들고, 하늘에 비춰 보노라면 작은 구슬은 우주를 보는 듯 묘했다. 이 안의 세계는 어떻게 생겼을까? 맑고 투명한 것이 묘했다.

대신, 남자와 여자아이가 함께 놀 수 있는 놀이가 있었다. 마을 전체 어린이가 숨바꼭질했고, 누구의 집에라도 숨어들 수 있었다. 어린 동생들은 깍두기라, 걸려도 게임에 계속 참여할 수 있었다. '무궁화꽃이 피었습니다'를 할 때도 줄줄이 걸린 새끼손가락이 술래와 떨어지면 "와" 소리를 내며 온 사방으로 흩어져 도망갔고, 동네 오빠가 초코파이 상자 뒤에 E.T 가면을 쓰고 술래잡기로 쫓아오면 온 동네가 떠나갈 듯 소리를 지르며 달아났다. 그렇게 골목 앞 공터는 아이들의 웃음소리로 가득하였다. 하지만 저녁이 되면 이내 울음소리도 있었다. 집마다 숙제를 안 해서 혼 나는 소리, 떼쓰다가 홀딱 벗고 쫓겨나는 일도 있었다. 지금 생각해 보면 아동학대가 따로 없지만, 그때 어른들은 참 교육이라 믿었던 것 같다.

골목은 내가 기억하지 못한 아픔도 저장하고 있다. 내가 세 살 때, 부모님이 부부싸움을 해서 엄마가 친정으로 갔다. 그리고 이혼 결심을 하고, 떠나기 전 마지막으로 어린 내가 어떻게 지내는가 싶어 다시 돌아와 얼굴만 보고 가려 했단다. 어두운 골목에 서서 창문 틈 사이로 안방을 몰래 살펴보니 할머니가 아무리 달래도 "엄마! 엄마!" 하며 울음을 그치지 않는 나를 보고, 그 길로 마음이 약해져 들어왔다고, 아직도 원망 반, 농담 반 이야기하신다. 그렇게 골목은 우리 가족을 이어준 소중한 곳이다.

이제 그 골목은 어떻게 되었을까 싶어 시집간 후에 찾아가 본 적이 있다. 나를 키워낸 평상은 없었고, 여기에 평상을 둘 수 있었을까 싶을 정도로 골목은 작았다. 술래잡기를 할 수 있을 정도로 크지도 않았을뿐더러, 어디 숨을 곳 하나 없는 그런 곳이었다. 나의 커다란 어린 세계는 난쟁이 마을 같았고, 다시 찾아온 나는 거인 같았다. 아니, 거인이 맞았다. 지금 이 시절의 시간은 소인 왕국의 거인처럼 빠르게 지나가고 있었다. 그 소인 왕국 골목길 앞에서 친정엄마는 20년째 노래방을 하고 계신다. 이제 곧 이 동네 전체가 재개발되어 남아 있는 골목마저도 사라질 예정이다. 엄마의 어린 시절, 나의 어린 시절, 우리에게 삶을 입혀 주었던 그 모든 계절이 담긴 이 골목이… 지도 위에서 지워질 날이 머지않았다. 평상 위의 바람, 흙 묻은 구슬, 봉숭아 물든 손톱, 그리고 그 길을 함께 지나온 사람들까지. 하지만 나는 아직도 그 골목 평상 위에서, 추억이라는 이름으로 잠시 쉬어 가고 있다.

3-5

골목에서 만난 인연
(서정혜)

매일 저녁 집에 들어서면, 고양이 똘이는 어김없이 어딘가에 숨어 있다. 현관문이 삐비빅 열리는 소리에 잠에서 깨어난 듯, 살금살금 다가와 누가 들어오는지 살핀다. 내가 돌아온 걸 알아채는 순간 "우엥!" 하고 튀어나와 폭풍 잔소리를 퍼붓는다. "우엥! 앵! 와웅! 앙앙!"

나만 알아들을 수 있는 똘이의 언어, 그 뜻은 대강 이렇다. "왜 이렇게 늦었어? 어디 갔다 온 거야? 머리 좀 쓰다듬어 줘! 등이 가려워. 등 좀 긁어줘!" 나는 외투도 벗지 못한 채 똘이와 대화를 나누고 긴 환영식을 치른다. 한참 쓰다듬어 주고 등을 긁어주고 나면, 똘이는 아무 일도 없었다는 듯, 조용히 사라진다.

내 첫 고양이 이름은 '냥이'였다. 대학 1학년 때 중학생 대상 학원에서 강사로 일하던 시절이었다. 어느 날 학원 앞 골목에서 꼬마들이 무언가를 만지작거리며 장난을 치고 있었다. 가까이 다가가 보니, 핑크빛 피부에 털 한 올 없이 벌벌 떠는 새끼 고양이였다. 손으로 툭툭 건드리거나 나뭇가지로 찌르며 괴롭히는 모습에 마음이 무거워졌다. 함께 일하던 동료가 나에게 말했다. "저거 새끼 고양이 같은데, 너무 불쌍해." 나는 꼬마들에게 아이스크림을 사주고 고양이를 넘겨받았다.

갓 태어난 듯한 그 핏덩이는 마치 쥐새끼처럼 생겼고 작은 몸으로 겨우 숨을 몰아쉬고 있었다. 갑작스레 한 생명을 책임지게 된 나는 새끼 고양이를 집으로 데려와 작은 플라스틱 약병에 우유를 담아 먹였다. 눈도 제대로 못 뜬 채 우유를 넙죽넙죽 받아먹는 녀석을 정성껏 보살피며, 나는 고양이 엄마가 되었다. 수업이 있는 날이면 냥이를 도시락 가방에 넣어 다녔고, 학원에서도 몰래 꺼내 품에 안았다. 배가 고프면 가방 안에서 '야옹' 소리가 났고 나는 학교 강의 시간이든 학원 수업 시간이든 가리지 않고 우유를 먹였다. 냥이의 울음소리는 늘 나를 따라다니는 시그니처 음이 되었고 친구들은 나를 '고양이 엄마'라 불렀다.

몇 달이 지나 털이 자라고 고양이다운 모습이 되어간 냥이를 혼자 집에 두었다. 공부할 때면 내 무릎 위에 얌전히 앉아 있었고, 잠잘 때는 이불 속으로 들어와 내 품에서 잠들었다. 나는 외출도 잘 하지 않고, 학교와 아르바이트를 마치면 곧장 집으로 돌아와 냥이를 보살폈다. 그 시절엔 지금처럼 고양이 사료가 흔치 않았다. 나는 밥과 생선을 섞어주었지만, 녀석은 늘 사람 밥상을 훔쳐보았다. 바닷가 출신인 부모님 덕분에 우리 집 밥상에는 생선이 떨어지지 않았다. 밥상이 제대로 차려지기도 전에 냥이는 달려들었다. 엄마는 고양이가 밥상을 습격할 때마다 "저놈의 고양이 새끼가 또!" 하며 고함을 질렀다.

나는 고양이와 밥상을 두고 싸우는 엄마를 달래며, 엄마가 보지 않을 때 내 몫의 생선을 냥이에게 양보하곤 했다. 그러던 어느 날, 냥이가 집에서 사라졌다. 엄마는 수컷 고양이 울음소리가 며칠 새 자주 들리더니, 냥이가 짝을 찾아 떠난 것 같다고 했다. 나는 며칠이고 냥이를 찾아 헤맸지만, 흔적조차 찾을 수 없었다. '어디선가 사랑하는 짝을 만나 행복하게 살고 있을 거야'라며 스스로를 위로했다.

10년이 지난 어느 날, 엄마는 그날의 진실을 털어놓았다. 엄마는 동물을 좋아하지 않았다. 호랑이띠라서 그런지 집에서 키우던 동물들은 하나같이 엄마를 무서워했다. 기르던 물고기들은 다 죽었고, 개들도 병들거나 집을 나갔다. 고양이도 예외는 아니었다. 냥이는 엄마를 슬슬 피했고, 엄마는 매일 밥상을 습격하는 냥이가 성가셨다. 어느 날 엄마는 냥이를 데리고 나가 길거리에 버렸다고 했다. 하지만 놀랍게도 냥이는 엄마보다 먼저 집으로 돌아와 현관 앞에서 엄마를 보며 "야옹" 하고 울었다. 엄마 품에 안겨 집을 나가며 길을 익힌 것이었다. 그 모습을 본 엄마는 다른 방법을 썼다. 배불리 생선을 먹인 후, 얼굴을 보자기에 싸서 몇 블록 떨어진 골목에 풀어놓았다고 했다. 그렇게 엄마는 냥이를 자기가 태어난 골목으로 돌려보냈다. 그 이야기를 들었을 때, 나는 화가 나면서도 허탈했지만, 이미 10년이나 지난 일을 어찌할 도리가 없었다.

이제 내 곁엔 똘이라는 새 가족이 있다. 똘이도 골목에서 만난 인연이다. 주택에 살던 시절, 집 앞 골목에서 어미를 잃고 며칠 동안 울고 있던 새끼 고양이. 불쌍하게 여긴 아들이 마른 멸치를 주었고, 녀석은 우리 집까지 따라 들어왔다. 어릴 때부터 사료만 먹어 온 똘이는 생선에는 눈길도 주지 않는다. 영양이 가득한 사료 덕에 털빛은 윤기가 흐르고, 눈빛은 맑고 반짝인다. 아이들의 침대에서 함께 자며 늘 따라다니던 똘이는 아이들이 떠나고 나를 새 집사로 선택한 것 같다. 아침마다 눈을 뜨면 침대 밑에서 내가 일어나길 기다린다. "잘 잤어?"라고 인사를 건네면 똘이도 "야옹" 하고 답한다. 멀리서 "똘아" 하고 부르면 달려와 내 눈을 바라본다. 그 눈은 왜 불렀냐고 질문을 하는 것 같다. "냥냥! 우왕! 앙! 에옹!" 오늘도 똘이와 나는 끝없는 대화를 이어간다.

똘이를 볼 때마다, 골목에서 데려와 키웠던 핏덩이 냥이가 떠오른다. 냥이와의 추억은 대학 시절 내 삶의 일부였고, 나는 늘 냥이를 그리워했다. 똘이는 그런 빈자리를 따뜻하게 채워주고 있다. 골목에서 태어나 골목으로 돌아간 냥이, 그리고 골목에서 내게 온 똘이. 삶은 언제나 예측할 수 없는 방향으로 흐르지만, 우리는 모두 누군가의 따뜻한 품을 기억하며 살아간다. 골목에서 길을 잃는 존재가 있다면, 누군가는 그 어둠을 환히 밝혀주는 사람이 되어야 한다.

3-6

잊고 있던 골목, 잊고 있던 나
(양미란)

    어릴 적, 달동네의 골목길은 나에게 하나의 미로였다. 비좁은 골목 사이로 이어지는 비슷비슷한 대문과 창문들은 어린 나를 당황스럽게 만들었다. 처음 이사 온 날, 나는 우리 집이 어딘지 몰라 골목 어귀를 서성거리고 있었다. 그때 나를 마중 나와 주었던 언니에 대한 고마운 기억은, 지금도 내가 힘들 때마다 마음속 어딘가에서 나에게 따뜻한 위로의 말을 속삭여 준다. 혼란스러웠던 어릴 적의 골목길은 내 삶에 대한 시련을 자각하는 삶의 출발점이었지만, 동시에 내가 힘들 때마다 나와 함께하는 누군가의 손길이 있다는 안정감을 기대할 수 있는 믿음의 통로이기도 했다.

    땀으로 범벅되곤 했던 그 골목길을 걷던 여름날들은 달콤한 아이스크림의 보상이 기다리고 있었다. 혀끝으로 조금씩 녹여 먹던 '하드'는 무더운 여름날의 하루를 버텨낸 나에 대한 달콤한 보상이었다. 녹아 흐르는 아이스크림이 아까워 막대기에 묻은 마지막 한

방울까지 허로 핥던 내 모습은, 지금 생각해도 웃음이 나는 추억이다. 그 시절, 단순한 것들이 주는 기쁨이 얼마나 컸던가! 땡볕이 내리쬐던 달동네의 골목길에서 느꼈던 행복감은 풍요로움 때문이 아니었다. 바람 한 점에 마음이 들떴고, 햇살 한 줌에도 내 몸은 마치 해바라기처럼 반응했다. 그렇게 나는 뙤약볕의 대자연 속에 녹아서 겅중 마른 소녀로 성장하고 있었다.

   이모네 집은 골목을 따라 걸어가면 금세 도착하는 곳에 있었다. 학교에서 귀가하면 맞벌이 부모님이 비워둔 빈집은 오빠와 언니도 하교 전이어서, 자연스럽게 내 발걸음은 또래의 사촌들이 있는 이모네 집으로 향하게 되었다. 그곳은 좁고 칙칙한 분위기의 우리 집과 달리 활기가 넘쳤고, 맛있는 반찬들과 고소한 부침개 냄새가 골목 밖까지 배어 나왔다. 함께 먹고 함께 웃으며 더없이 즐거웠던 사촌형제들과의 추억들…. 화투를 처음 배우고 십 원짜리 내기 화투놀이를 하면서, 새우깡 하나에 마음을 졸이며 게임에 몰두했던 그 아련한 추억…. 무엇 하나 당연한 것이 없었고, 모든 것이 설렘이었다. 나의 하루는 골목에서 문구점까지, 그리고 다시 집으로 자연스럽게 순환되었고, 그 길 위에서 나는 세상과 소통하는 법을 조금씩 익히고 있었다.

   그러나 도시가 현대화되고 삶이 바빠지면서, 나는 점점 골목길과 멀어졌다. 비좁았지만 정겨웠던 골목길과 달동네가 사라지고, 넓고 반듯한 도로와 아파트 단지가 그 자리를 대신했다. 방향을 몰라 헤매던 어린 시절과 달리, 이제는 지도를 보지 않고도 방향을 정확히 잡을 수 있다. 하지만 길을 잘 안다고 삶에 대해서도 더 잘 알 수 있을까? 정해진 길을 따라가다 보면, 어느 때부터인가 내 안의 감각들이 무뎌지고 있었다는 사실을 자각하게 된다.

  도시의 삶은 참 효율적이다. 정해진 시간에 맞춰서 일하고, 스마트폰을 통해 모든 정보를 얻으며, 엘리베이터로 고층 집을 오르내린다. 하지만 편리함에 젖어 우리는 익숙했던 감각에서 조금씩 더 멀어진다. 차가운 바닥을 맨발로 밟았을 때의 느낌, 귓가를 스쳐 가는 바람 소리, 살짝 감은 눈꺼풀을 간지럽히는 따스한 햇볕…. 우리는 이러한 감각에서 멀어져가고, 더 이상 이런 것들은 우리 삶의 중요한 문제가 될 수 없다. 우리는 디지털 화면 속 세상에 몰입한 나머지, 자신이 누구인지조차 잊고 살아가고 있다.

  이제 나는 다시 자연을 찾아가는 중이다. 비좁은 골목의 뙤약볕은 되찾을 수 없지만, 숲은 여전히 우리 곁에 있다. 키 큰 나무 사이를 걷다 보면, 무심히 잊고 살았던 감각들이 하나둘 깨어난다. 지저귀는 새소리가 들리고, 바람에 실려 오는 싱그러운 나뭇잎 냄새가 느껴진다. 촉촉한 흙을 밟는 발바닥의 느낌이 생생하게 전해지면서, 나지막한 속삭임이 들린다. "조금 천천히 가도 괜찮아! 지금 여기 있는 너로 충분해!"라고 숲이 말해준다. 숲은 공존과 균형의 지혜를 알려준다. 크고 작은 숲속의 생명체들은 제각기 저마다의 속도로 살아가면서도 조화를 이루고 서로의 영역을 침해하지 않는다. 본래 우리 인간도 그런 존재였을 것이다. 그러나 우리는 경쟁과 성과에만 몰두한 나머지, 그 본성을 잃고 말았다. 자연과 다시 연결될 때 우리는 잊었던 상생의 본능과 감각을 회복하게 되고, 나답게 살아가는 법을 배울 수 있을 것이다.

하루 중 몇 시간이라도 숲속을 걷는다면, 혹은 창문을 활짝 열고 바람을 맞이한다면, 우리는 조금 더 건강한 감정을 되찾을 수 있을 것이다. 자연 속에서 우리의 신체는 아늑한 휴식을 맛볼 수 있고, 신체가 휴식을 얻으면 마음도 함께 편안해진다. 뙤약볕 여름날의 땀 흘리던 골목길에서처럼 불편함 속에서도 기쁨을 찾아가는 힘, 그것이야말로 진정한 회복의 시작이다. 지금 나는 골목길 대신 숲길을 걸으며, 잃었던 나의 감각을 다시 꺼내 음미해 본다.

함께 걷는 즐거움도, 혼자 걷는 고요함도 모두 소중하다. 어릴 적엔 혼자 있는 것이 외로움이었지만, 지금 혼자 있다는 것은 나를 찾는 사색이고 나를 위한 회복의 시간이다. 자연 속에서 나는 다시 나를 찾고, 삶을 오롯이 반추해보는 시간을 갖는다. 비좁았던 골목이 나의 성장을 지켜보며 응원해준 공간이라면, 널찍한 숲은 내가 걸어온 길을 멀리까지 돌아볼 힘을 제공하는 치유의 공간이다. 골목길에서 숲길로 찾아가는 길… 그 길은 단순한 공간이동의 통로가 아니라, 나의 감각과 마음을 회복해가는 여정이다. 그리고 그 여정은 앞으로도 계속될 것이다. 숲은 언제나 나를 기다리고 있으니까.

3-7

사라진 골목과
소중함을 잃지 않는 마음
(이명숙)

 좁은 골목길을 떠올리면 가슴 한편이 따뜻해진다. 마치 오래된 친구가 나를 반갑게 맞이할 것만 같은 기분이 든다. 국어사전에서 골목길은 '큰길에서 들어가 좁은 동네 안을 이리저리 통하는 좁은 길'이라고 정의되지만, 나에게 골목길은 단순한 길 이상의 의미를 품고 있다. 그곳은 내가 자라온 삶의 무대이자, 지금도 내 마음 깊은 곳에 현재를 이어주는 기억의 통로다.

 어릴 적 우리 동네는 큰길에서 집까지 가려면 여러 갈래의 골목길을 지나야 했다. 그 길 양편으로 늘어선 집마다 고유한 풍경과 드라마가 있었다. 문틈 사이로 새어 나오는 된장찌개 냄새, "누구야~" 하고 부르는 정겨운 목소리, 심부름을 거부하며 큰 소리로 우는 아이의 떼쓰는 소리가 골목을 가득 채웠다. 그 모든 소음과 냄새, 그리고 사람들의 희로애락이 뒤엉켜 만들어낸 골목의 교향곡이었다.

친구들과 골목에서 소꿉놀이하며 엄마, 아빠 역할을 나누어 맡던 시절이 아련하게 다가온다. "명숙아 놀자~" 하고 부르던 친구들의 목소리, 오빠들이 저녁때마다 "시마 차기" 한다고 암호처럼 외치던 소리, 구슬치기에 열중하며 서로의 구슬을 따가던 아이들의 진지한 모습이 생생하다. 구슬을 잃어버린 아이들이 씩씩거리며 코를 훌쩍이고 눈물을 뚝뚝 떨어뜨리던 모습도 선명하게 기억난다.

술래잡기할 때 좁은 연탄 창고에 숨었다가 얼굴이 새까맣게 되었던 일, 저 골목 끝에서 밤늦게 들려오던 아버지의 술 취한 노랫소리까지도 모두 내 감각을 깨우는 소중한 기억이다. 부모님이 다투셔서 막걸리를 받아오라고 하실 때, 주전자를 들고 눈물을 훌쩍이며 지나가던 그 골목길의 서늘한 공기까지도 말이다.

골목길에는 부끄러운 기억도 있다. 동생을 업고 사탕을 사러 갔다가, 우리 형제가 네 명이어서 가진 돈으로는 사탕을 세 개밖에 살 수 없어서 나는 머리를 굴려 사탕 한 개를 다른 손에 숨기고 세 개만 계산하려 했다. 가게 주인이 "저쪽 손을 보여줘"라고 하는 바람에 들통이 났다. 부끄러워서 작은 돌을 발로 차며 집으로 돌아오던 그 길의 기억은 지금도 내 안에 씁쓸한 마음으로 남아 있다.

우리 동네도 재개발의 물결을 피해 갈 수 없었다. 골목들이 하나

둘 사라지고 큰 도로가 뻗어나갔다. 좁은 골목에서 넓은 길로 바뀌면서 늘 보던 사람들이 이 길 저 길로 흩어졌다. 매일 마주치던 이웃들의 얼굴을 점점 볼 수 없게 되었다. 골목길이 없어지면서 큰 길가의 집들도 무너져 내렸고, 평평한 땅이 만들어졌다. 친구들과 그 넓은 공터에서 노래 부르고 춤추던 기억도 있었다. '즐겁게 노래를 부르자~'라고 하면서 불렀던 노래. 부끄러움이 많았던 내가 그곳에서 춤추고 노래 불렀다는 것이 지금 생각해도 신기하다. 그 기억은 내 가슴 한 부분에 남아 뿌듯함을 준다.

골목 안에 있는 우리 집은 초가집이었다. 세 들어 사는 사람들도 많았다. 그중 뒷방에서 삼촌이 '통신 공부'를 하기 위해 시골에서 부산으로 내려와 우리 집에서 살았다. 삼촌이 없을 때면 삼촌 방에 몰래 들어가 책도 보고 신기한 물건들도 만져보았는데 그중에 수신기를 가지고 똑딱 똑딱 소리가 들리면 신기해서 한참을 가지고 놀다 빠져나오곤 했다.

어느 날 밤이 어둑어둑해질 무렵, 우리 집 주변 골목에 낯선 남자들이 여러 명 서 있었다. 그중 덩치가 큰 두 명이 우리 집에 들어와 삼촌을 찾았다. 삼촌이 밖으로 나오자, 그들은 삼촌의 양팔을 끼고 골목을 빠져나갔다. 나중에 알고 보니 삼촌이 집에서 통신 관련 암호를 공부하다 보니, 북한에서 내려온 간첩으로 오해받

왔다. 다행히 아버지의 소명으로 삼촌은 경찰서에서 풀려나 집으로 돌아왔다. 그 사건이 있고 난 뒤 얼마 지나지 않아 삼촌은 해군으로 입대했다.

 지난 기억들은 나를 부끄럽게 만들기도 했지만, 동시에 나라는 존재를 만들어준 소중한 장소이자 추억이었다. 인생을 살면서 여러 개의 골목길 중 어떤 길을 가야 할지 고민한 적이 참 많았다. 잘못된 길을 갈 때는 그만큼 많이 아팠고, 좋은 길을 갈 때는 좋은 일이 생기면 '아, 내가 진짜로 잘 왔네'라는 마음이 들어 나를 뿌듯하게 했다.

 그래서 지금도 나는 좁은 골목길을 걸을 때마다 마음이 편안해진다. 그 길은 단지 지나가는 길이 아니라, 내가 나로 살아갈 수 있게 해준 기억의 통로였다. 나를 성장하게 했고 마음을 다독여준 삶의 무대였다. 골목은 사라졌지만, 그 골목에서 자란 나의 마음은 아직도 여전히 그곳을 향해 걷고 있다.

 금방이라도 예전의 친구들과 오빠 언니들이 뛰어나와서 "명숙아~ 같이 놀자"라고 말할 것 같은 골목길. 지금 그들은 어디서 무엇을 하고 있을까. 초가집을 향해 발맞춰 뛰던 어린 나는 그토록 즐거웠는데, 이제는 지나가 버린 길이 되었다. 하지만 골목길을 떠올리면 나는 해 맑게 웃고 조잘거리던 그때가 생각나 마음이 따뜻해진다. 나도 모르게 입꼬리가 올라간다.

봄이 되니 그 골목길 주변에서 사람들과 쑥을 캐러 가던 시절의 풍경이 그려진다. 친근하고 익숙한 얼굴들이 하나둘 다가오고 있다. 다시 걷고 싶은 그 골목길. 그리운 이들이 그 길 어귀에 다시 서있기를, 오늘도 간절히 바란다.

우리에게는 이렇게 따뜻하게 해주던 어릴 적 골목길에서의 기억이 있다. 밝고 환한 마음의 고향을 한 번씩 찾아보고 싶어진다. 골목길은 내 마음 깊은 곳과 현재를 이어주는 다리이자 영원한 그리움이기 때문이다. 시간은 흘러도 기억은 남는다. 그리움이 깊을수록, 그만큼 사랑했던 증거이고 사라진 것이 많을수록, 남겨진 것들은 더욱 소중해진다.

3-8

인생의 행복 골목길

(이은숙)

　기억 속 골목 모습은 밥만 먹고 나면 뛰쳐나가 고무줄놀이, 술래잡기, 숨박꼭질 하던 골목이 기억난다. 어린 시절 골목은 아주 넓었던 것으로 기억한다. 성인이 되어 오빠와 언니, 첫째 조카 민수와 함께 추억의 골목 투어를 했던 적이 있다. 성인이 되어 찾아간 어린 시절 골목은 그렇게 작을 수가 없었다. 마치 장난감 도시에 온 것 같은 기분이 들었다. 사람은 추억으로 산다는 말이 맞는 듯하다. 특히 어린 시절 함께 자라온 언니, 오빠와 옛집과 골목, 초등학교를 돌아다니니 생각이 어린 시절로 돌아갔다. 그때의 추억으로 한참을 행복했던 생각이 난다. 어린 시절 집 앞에 앉아서 사람 구경하는 것을 좋아했다. 골목 사이로 바쁘게 지나가는 사람들 속에서 나만의 커다란 TV 속 사람들이 세상 밖으로 튀어나와서 움직이는 것 같았다.

　초등학교 때 학교를 가려면 아주 좁은 골목길을 지나가야 했다.

골목을 지날 때면 여러 가지 소리로 가득했다. 추억의 골목에서는 낮에는 아이들이 뛰어다니는 소리, 저녁에는 밥 짓는 소리, 밥 먹으라고 저마다 아이들을 부르는 소리로 가득했다. 그때 골목 풍경은 대문을 닫고 살지 않았던 것 같다. 서로 언제든 들어갈 수 있었고, 그게 아무렇지도 않았다. 지금은 아파트에 사는 사람들이 많아지고 자연스럽게 앞집에 누가 사는지도 잘 모르고 산다. 세상이 각박해져서가 아니라 이제는 문을 닫고 사는 것이 더 자연스럽다.

부산은 겨울에도 눈을 보기 힘들다. 아무리 날씨가 영하로 떨어진다고 해도 눈이 오늘 경우는 극히 드물다. 초등학생 때로 기억한다. 눈이 제법 내리기 시작해 바닥에 쌓이기 시작했다. 부산 사람들은 공감할 것이다. 부산에는 눈이 잘 오지 않기 때문에 눈이 조금이라도 흩날리면 동네 모든 아이가 밖으로 나온다. 그러니 눈이 바닥에 쌓이면 온 동네 꼬마아이들에게는 축제의 날이다. 골목 사이사이 아이들은 모두 나와서 방방 뛰기 시작하고 소리 지른다. 아마도 강원도에 사는 사람들은 이해하지 못할 것이다.

부산에서 태어나 눈을 보기 힘들었던 나는 2023년 겨울 핀란드를 경유한 아이슬란드 여행은 잊을 수가 없다. 물론 여행의 최종 목표는 유명한 오로라를 보기 위해서였다. 오로라도 좋았지만 잊지 못하는 순간은 대자연과 함께 온통 눈으로 덮인 세상을 원 없이 볼 수 있었다는 것이다. 춥긴 했지만, 여행 준비하면서 추위에 단단히 대비한 덕분에 방한이 완벽에 가까웠다. 그 덕분인지 여행 내내 따뜻하게 여행을 즐길 수 있었다. 특히 아이슬란드의 수도 레이캬비크는 북유럽의 감성을 제대로 느낄 수 있었다. 골목골목이 너무 예뻐서 많은 사진을 찍었다.

다른 사람들에 비해 매년 해외여행의 기회가 많은 편이다. 회사 공식적인 행사로 3회, 개인적인 여행 2~3회 정도 해외여행을 다닌다. 그 외에도 국내 여행은 시간 날 때 종종 다니곤 한다. 단체, 친구들과의 여행도 즐겁지만 혼자 하는 여행의 재미도 크다. 여행을 다닐 때 사진 찍는 걸 그렇게 좋아하진 않는다. 하지만 어느 순간부터 남는 게 사진이라는 말을 실감한다. 여행을 다닐 때는 모두 기억날 것 같은데 시간이 지나고 나니 남는 건 사진과 기념품이 전부였다. 사진 중에도 그 나라의 유명한 곳을 가는 것도 좋아하지만, 모르는 골목을 다니고 사진 찍는 것을 좋아한다. 시간이 지나고 사진을 보면 그 골목의 기억이 생생하게 되살아 난다. 그래서 내가 가지고 있는 사진 중에는 골목 사진이 많다.

대로변에 목 좋은 맛집도 많지만, 골목에도 맛집이 많다. 골목은 많은 이야기들이 숨어있는 것 같다. 그래서 여행을 다니면 그 나라, 그 지역의 시장을 다니는 것을 좋아하는데, 골목도 꼭 가보려고 한다. 골목에는 사람 사는 냄새가 나서 좋다. '골목'이라는 단어에는 이야기가 숨어있는 것 같다. 골목마다 느낌도 다르고, 색깔도 다르다. 다양한 이야기가 있는 골목이 좋다.

 길을 걸어갈 때 새로운 막다른 골목길로 걸어 다니는 걸 좋아한다. 미용실을 가더라도 평소 다니던 길이 아닌 굳이 다른 길로 걸어가 본다. 뭔가 새로운 세상이 펼쳐지는 느낌이 든다. 목욕탕, 찜질방을 가는 것을 좋아한다. 하루는 매번 다니던 목욕탕과 다른 곳을 가고 싶어 집에서 조금 떨어진 목욕탕을 갔다. 샤워기 물을 틀었더니 물이 좀 시원찮았다. 그래도 물이 안 나오는 건 아니니 신경 쓰지 않고 샤워하고 탕 목욕도 즐겼다. 찜질방에서 땀을 좀 빼고, 집에 가려고 다시 목욕탕에 갔다. 여자 목욕탕은 개인 샤워하는 곳이 항상 만원이다. 자리 쟁탈전이 심한데, 개인 샤워하는 곳이 텅텅 비어 있고, 주변 아주머니들이 탕 주변에 동그랗게 앉아 바가지로 머리를 감고, 샤워를 했다. 샤워기가 고장이라고 한다. 어쩔 수 없이 탕 주변에 자리 잡고 앉아 머리 감고, 때를 밀었다. 순간 옛날 생각이 나서 속으로 한참을 웃었다. 어린 시절의 기억나는 목욕탕 풍경이 있다. 그때는 개인 샤워하는 곳이 많지 않았을 때였다. 일요일이 되면 엄마와 언니랑 같이 목욕탕을 갔다. 주변에 자리를 잡고 바가지로 탕의 물을 퍼서 내가 먼저 씻고, 엄마가 다시 씻어줬다. 그때 그 풍경이 그대로여서 물이 나오지 않는다는 생각은 잠시 잊고 한참 흐뭇하게 옛날 생각에 잠길 수 있었다.

　삶을 살아가면서 막다른 골목길을 맞이하는 느낌이 들었던 적이 있었다. 인생의 오르막길과 내리막길이 있다고 하는데, '나는 어느 길목에 서 있는가?' 생각해 본다. 아직도 많은 인생의 길을 가야겠지만 어떤 길목을 맞이한다고 해도 지금처럼 인생을 여행한다고 생각하고 즐겨보려 한다.

3-9

햄스터 사는 세상 속 삶과 죽음
(이현정)

우리 집 거실 복도 골목에는 햄스터 9마리가 살았다. 지금은 4마리가 죽고 5마리가 살고 있다. 햄스터를 키울 생각이 없었다. 아니 끔찍하게 싫어했다. 쥐처럼 생긴 그 계통들은 다 싫어했다. 냄새에 민감하여 더 싫었다. 아들은 강아지 한 마리 키우고 싶다고 며칠 동안 남편과 나에게 매달렸다. 타협의 결과는 '햄스터'였다. 집과 여러 가지 필요한 물건을 구매하니 27만원이 들었다. '그래, 강아지보다 햄스터지. 햄스터 키우다 보면 강아지 사달라고 하지 않을 거야'라며 마음을 달랬다. 골목길 첫 집 주인은 밤톨이다. 노란색 털로 귀엽게 감싼 몸에 눈은 확 찢어져 날카로운 눈이다. 그런 밤톨이에게 핸들링 해서 주인과 교감하기까지는 우여곡절이 많았다. 결국 제일 친한 친구는 엄마인 내가 되었다. 밥 주는 누나도 아닌 엄마가 되어 햄스터를 부를 때마다 이놈이 꼬리를 흔들고 달려오는 듯했다. 내가 손바닥을 내 주면, 밤톨이는 손바닥에 안겨서 비비듯 인사하였다. 매번 탈출 귀재라서 볼 때마다 젖 먹던 힘까지 쓰면서 자기 집 벽면에 붙어 탈출을 시도했다. 밤톨이가 집 밖으로 나와서 다칠까 봐 안절부절못하며 찾으러 다닌 것이 5번은 넘는다.

　밤톨이 옆집으로 쭈르르 오게 된 아이들은 아들이 방학 때 햄스터 40마리를 정리해야 한다는 선생님의 말씀에 안쓰러워 우리 집으로 오게 된 4마리 햄스터다. 엄마에게 물어봐서 '안 된다'고 따끔하게 말했는데, 아빠랑 통화한 아들은 이미 학교에서 햄스터를 데리고 오고 있다고 나에게 통보했다. '이게 무슨 일인가? 집도 좁은데 햄스터 한 마리마다 한 통에 넣어서 집을 만들어야 하는데, 거실 골목이 꽉 차서 안 되는데…' 이런 생각은 의미가 없었다. 이미 검정 색깔 햄스터가 우리 집에 일렬로 줄 서 있었다. 우리 거실 골목길은 번잡하게 줄지어 있었다. 햄스터 집 크기는 부의 상징이 아니라, 우리 집 도착한 순서대로 배정받은 집이다. 이렇게 옹기종기 모여 있는 햄스터를 보니 걱정이 앞선다. 이런 걱정은 현실로 되었다. 검정 햄스터 한 마리가 새끼를 낳았다. 무려 4마리를 낳았다. 우리 집으로 오기 전 무슨 일이 생겼는지 거실 복도 골목길이 풍성하다. 이미 벌어진 일에 더 이상 놀랄 것도 없다. 햄스터를 보고 핸들링을 하면서 몇 번 깨물리고 나니 진정한 가족이 되었다. 엄마 목소리를 듣고 없는 꼬리 흔들고 나오면 그 이쁨을 숨길 수가 없다. 식사때마다 엄마 목소리가 아이들에게 기쁨의 목소리일 것이다. 퇴근 후 힘들어도 아이들을 보면 나도 모르게 애교 섞은 콧

소리가 난다. "우리 아기들 잘 지냈어? 밥 먹을까?"라고 말하면 아이들은 제각기 내 손에 올라오고 싶어 한다. 왔다 갔다 바쁘게 이동하는 모습이 귀엽다. 그 모습에 하루 힘듦이 다 녹는다. 햄스터 특유의 냄새는 내 코에 잔재도 남아 있지 않는다. 무뚝뚝한 남편도 술 먹고 와서 아이들을 어루만지고 잔다. 허리가 아파도 일주일 한 번 각 집 침구를 갈아준다. 9개 집을 다 바꾸고 나면 한 시간은 걸린다. 아프다는 말도 없이 묵묵히 아이들의 잠자리를 바꾸어준다. 집 청소도 열심히 해주는 따뜻한 아빠 모습이다.

햄스터는 생긴 모습도 제각각 다르다. 귀가 축 처진 아이, 눈이 동그랗게 귀여운 아이, 정리정돈을 잘 해서 모래 화장실에서 똥 싸고 쳇바퀴에서 열심히 운동해서 털이 보송보송한 아이도 있다. 지금 남아 있는 5마리는 이쁜이, 파랑이, 분홍이, 똥쟁이, 사랑이다. 작년에 4마리가 죽고 난 뒤 애도 기간을 보냈다. 우리 첫 아이 밤톨이가 어느 날부터 밥을 먹지 않았다. 그날 밤 밤톨이는 나를 불렀다. 내가 축 처진 몸을 일으켰을 때 나의 손바닥 모든 곳을 핥고 있었다. 마지막 인사를 하듯 나에게 감사 인사를 했다. 먹지 않다가 오이도 먹어서 '이제 살아나는구나' 하고 희망을 품었다. 다음날 새벽 탁구를 하는 동안 딸에게서 전화가 왔다. "엄마, 밤톨이가 죽었어." 울고 있는 딸아이를 달래며 급하게 집에 왔다. 밤톨이 집에 누워 있는 아이를 보니 사람이 죽게 되면 변해가는 과정을 똑같이 겪는 것을 그때 알았다. 눈물이 하염없이 흘렀다. 햄스터 수명이 일 년 반에서 이 년 정도라고는 하지만, 이렇게 빨리 우리 곁을 떠날지 몰랐다. 소중함을 잃어 버렸을 때 많은 후회가 밀려온다. 매일 함께하는 가족에게 친절하지 않았고, 다정하게 고3 아들에게 웃어 주지 않았고, 시부모님과 부모님께 매일매일 안부 전화를 하지 않았다. 나는 그렇게 무심하고 내 위주였다. 내 주변 사랑하는 모든 것들이 없어질 때마다 가슴 아프게 느낀다. 엄마가 돌아가시고, 햄스터가 죽고, 친구와 동료들이 죽었을 때 후회가 몰려든다.

오늘도 햄스터 5마리 중 새끼들의 엄마인 예쁜이가 아무것도 먹지 못한다. 며칠 동안 활동이 없던 아이라서 남편이 신경을 쓰고 있었다. 어제도 술을 먹고 와서 그 아이를 손바닥에 올려서 어루만지고 있었다. 애처로워한다. 무뚝뚝한 남편이 술 먹고 하는 행동이 진심으로 와 닿는다. 오늘이 고비다. 힘들게 버티고 있는 예쁜이에게 해 줄 것이 아무것도 없었다. 아침에 일어나서 눈도 제대로 못 뜬 눈으로 나의 목소리에 반응한다. "예쁜아, 조금 더 먹고 좋은 곳에 가서 다시 만나자"라고 말하며 손바닥에 앉혔다. 나의 마음을 알았는지 울면서 내 손바닥을 핥는다. 그렇게 조용히 꺼져가는 예쁜이를 두고 출근했다. 오늘 저녁 집으로 향하는 발걸음이 무겁다. 이렇게 5번을 더 아파해야 한다는 것이 슬프다. 아이들이 떠날 때마다 '애도 주간'이라며 술 한잔 먹었던 내 마음이 부끄럽다. 이별은 어렵고 힘들다. 나는 아들에게 말했다. "이제 절대 애완동물이고 햄스터고 아무것도 안 키울 거야. 절대 데려오지 마." 4마리가 떠난 자리에는 햄스터 집과 쳇바퀴 등이 남아 있다. 나는 5마리 아이들이 다 떠나면 모든 제품을 무료나눔 할 것이다. 그렇게 떠난 거실 골목을 지날 때면 눈물이 날 것이다. 두렵다. 무섭다. 깨끗해진 나의 거실 복도 골목이 슬프고 싫어질 것 같다. 그 두려움에 오늘도 남은 아이들에게 정성을 다하는 내 모습이 힘들지만, 죽는 것도 삶의 한 부분인 것을, 아이들을 보면서 배운다.

매일 아침 청소기를 돌리면 아이들은 각자의 집에서 나온다. 엄마 부름을 받고 엄마의 소리를 듣는다. 아침마다 햄스터 이름을 부른다. 예쁜이, 파랑이, 분홍이, 똥쟁이, 사랑이… 나의 아침 루틴이다. 아이들이 움직일 때마다 건강 상태를 보고, 식사가 부족한지, 물이 없는지를 살피는 나의 루틴이 사라질 때까지 정성을 다해야겠다고 다짐한다. 죽음을 두려워하는 것이 아니라 오늘 하루 아니 이 시간 지금에 모든 정성을 기울이겠다는 마음을 갖는다. 나는 거실 복도 골목길 옹기종기 모여 있는 햄스터 세상에서 삶과 죽음을 경험한다. 소중하고 귀한 시간을 함께하는 동안 나도 성장한다. 삶과 죽음을 함께 나누면서 나의 생각과 행동이 바뀐다. 처음 햄스터를 무섭고 더러워했던 나의 편견에서 벗어나 사랑스러운 햄스터에게 배운다. 삶과 죽음을 함께하면서 어떤 마음으로 세상을 바라봐야 하는지를 보게 된다. 헨리 데이비드 소로우는 말한다. '편견은 버리기에 너무 늦은 때는 없다'고 한다. 햄스터를 사랑하지 않았다면 소중한 하루를 살아가는 기쁨과 죽음을 앞두고 감사함을 표현하는 마음을 느끼지 못했을 것이다.

 오늘도 나의 작은 골목에서 옹기종기 모여 있는 햄스터 쳇바퀴 소리를 들으며 건강한 하루를 보낸 아이들에게 응원을 보낸다.

3-10

골목, 다채로운 색깔을 가진 타임머신

(전세병)

 우리나라는 땅이 좁고 산은 많은 덕분에 골목이 참 많다. 이탈리아나 프랑스처럼 유럽의 골목 풍경은 정말 이쁘고 영화 같은 곳이 자주 보인다. 한국은 현대에 들어서야 골목에 그림도 그리고 색도 칠하고 해서 이제는 이뻐진 편이다. 골목길 중에 관광 장소로 바뀐 곳들은 이쁜 거리라고 소문나기 시작했다. 내가 중학생 때까지는 골목이란 곳은 시멘트 또는 벽돌로 세워놓은 곳이었다. 외관으로만 봐서는 무색무취의 공간이라고 느낀다. 체구가 작고 어릴 때라 골목길 자체가 크다고 느꼈다. 친구들과 학교에서 놀다가 같이 집으로 돌아가다 보면 서로 헤어지기 아쉬웠다. 그럴 때마다 집 앞 동네 골목에서 떠들고 축구도 하며 뛰어다녔다. 각자 부모님들이 전화로나 직접 나오셔서 들어오라고 외칠 때까지 신나게 놀았다. 집에 들어와서 맛있는 저녁을 먹었던 기억이 난다. 당시 우리에게 골목은 놀이터이자 아지트였다. 그만큼 편안한 장소였다.

어릴 때와 비교하면 요즘에는 거리의 풍경이 많이 달라졌다. 뉴스로 보면 갈수록 아이들뿐만 아니라 젊은 층이 사라진다는 내용이 많이 나온다. 어릴 때 골목에서 놀 때를 생각해도 저녁 늦게, 학교 마치고 귀가하는 길거리에는 연령층 상관없이 사람들이 바글바글했다. 해가 지고 밤이 깊어지는 와중에도 밖의 풍경은 네온사인과 간판, 사람들의 소리로 밤낮없이 활발했다. 그런데 요즘엔 밤 8시에서 9시만 되어도 동네 주변이 한산하다. 가게도 새벽 늦게까지 하거나 24시간 영업하는 곳이 없어지고 조용하다. 인구가 감소했다는 글을 읽거나 들을 때는 그렇구나라고 받아들여진다. 내가 눈으로 보고 걷다 보면 몸소 체감하게 된다.

물론 5년 전쯤에 찾아온 코로나의 영향도 클 것이다. 조류독감, 사스가 유행하던 시절이 있었다. 그러나 코로나처럼 세계적으로 영향이 있던 유행병은 처음이지 않을까 한다. 학창 시절 내가 알고 있는 골목들은 이제 기억 속에서만 남았다. 시간이 흐르면서 강산도 바뀌는 게 순리이다. 인간은 공기를 마신다는 행위를 의식하면서 하지 않는다. 그러나 숨을 쉬고 있기에 산소를 마시고 살아있다. 고로 숨 쉴 때마다 살아있음에 감사해야 한다고 생각한다. 시간이 지나는 걸 순간순간 느낀다면 보통 그렇지 못한다. 인생이란 열차가 달리다가 각자만의 경유역에 멈출 때가 있다. 온 길을 뒤돌아보면 많은 여정을 지나왔다는 것을 느낀다. 꼬마 시절 골목들이 내 기억 속에만 남아 있다고 아쉬워할 수 있지만 돌아가고 싶다는 생각은 없다. 현재에 충실할 뿐이다. 오히려 그런 기억을 가지고 있는 몇몇 사람 중 한 사람이기에 운이 좋다고 생각한다. 그만큼 소중한 기억이다.

골목 하면 좁은 길이나 딱 붙어 있는 집들이 연상될 것이다. 게다가 지름길로 이용했던 것도 생각난다. 지금은 사라졌지만 초등학생 시절 학교 정문으로 가는 길 말고도 길이 존재했다. 학교 뒤편 언덕길로 가는 방법이 있었다. 수풀이 있는 경사로를 힘겹게 올라가면 담장 사이로 들어가는 우리만 아는 등굣길이었다. 지금 생각하면 진짜 위험한 행동이었다. 어린 우리는 그 길을 통해서 모험한다고 느꼈던 거 같다. 힘들어하면서도 깔깔 재밌어하며 가는 걸 즐거워했다. 힘겹거나 위험하게 간다는 생각보다 다른 아이들보다 빨리 목적지에 도착했다는 승리감 때문인지 재밌었다. 천진난만하던 나는 위험하다는 생각보다 먼저 즐거움과 설렘이 앞섰다.

골목은 큰길에서 보면 안의 풍경이 제대로 보이지 않는다. 들어서기 전 바깥에서 보면 어둑어둑한 느낌에 무서울 때도 있다. 하지만 골목 안에 들어가면 안쪽 상가 불빛이 거리를 환하게 비춘다. 주택에서 흘러나오는 가족끼리의 대화가 들리기 시작하면 무서움이 없어진다. 무서움을 이겨내고 들어간 골목 안은 또 다른 밝은 모습이 있었다. 삶도 다르지 않다고 느낀다. 사람마다 다 고유성이 있고 다 각자만의 색깔이 있어서 똑같이 살지 않는다. 큰 줄기 같은 길은 있지만 각자만의 길을 개척해서 골목길 같은 가지들을 뻗어가며 개인마다의 종착점으로 향한다.

내가 사는 동네는 현재 구획을 나눠서 재건축 과정에 들어가는 중이다. 주변에 아파트가 올라가기 시작하는 것을 보고 감탄을 하며 신기하다고 느낀다. 그러면서도 예전 모습들이 점점 사라지는 거 같아 아쉽다. 초등학교 때는 동네에 애들이 많아 문방구가 3개나 있었다. 문방구 주인분들은 동네에 사는 애들 중에 모르는 애들이 없었다. 예전 문방구 앞에는 동전을 넣고 하는 오락실 기계가 최소 2대씩 있었다. 학교 마치고 집에 가는 길에 주머니에 동전들이 있는지 확인한다, 백 원이나 오백 원이 있는 날에는 애들끼리 오락기로 열심히 게임을 했었다. 정신없이 하다 보면 시간이 너무 잘 지나가서 부모님이 문방구까지 나와서 귀를 잡힌 채로 혼나면서 집에 끌려가는 경우가 많았다.

넷플릭스나 디즈니플러스처럼 OTT 서비스가 많아진 요즘 비디오나 DVD가 인기 많았을 때가 떠오른다. 보고 싶은 영화가 생겨서 가게로 찾아가면 보통 만화책도 같이 빌려왔었다. 비디오도 빌리고 만화책을 1권부터 마지막 권까지 빌려서 밤새워서 본 기억이 있다. 이젠 사는 곳 맞은편 아파트에 재건축 준비를 위해 비워지고 있는 집이 많이 보이기 시작한다. 주말 때마다 밖에서 자주 보이시던 분들이 안 보여서 허전하다고 느껴질 때가 있다. 해가 지나면서 같은 동네에서 살던 친구들이 동네를 떠난다. 종종 연락하던
 친구들도 각자의 삶에 충실하다 보니 소식이 뜸해진다. 시간이 지날수록 고등학교 동창이 같은 동네에 살고 있어서 추억을 나눌 수 있다는 것에 더욱 감사하게 된다. 미래의 내가 지나간 풍경들을 추억했을 때 웃으면서 회상할 수 있도록 현재 매일매일 충실히 살아가야지라는 생각을 되뇌게 된다.

4장
별

4-1

하늘의 별, 내 삶의 등불
-아버지 등에서 본 첫 번째 별

(강준이)

까만 병풍 같은 산이 사방으로 덮여 마을의 집들이 보이지 않던 늦은 밤하늘을 처음 본 날이 생각난다. 건넛마을 할머니 댁에 제사가 있던 날이었다. 하루 종일 코끝을 간지럽히는 향긋한 들기름 냄새를 풍기는 파전이 채반에 수북이 쌓였다. 침을 꼴깍거리며 부엌을 서성이다가 얻어먹는 재미로 제삿날은 어린 시절 신나는 명절이었다. 맛있는 음식을 많이 먹고 자정에 지내는 제사를 제대로 본 적은 없다. 집에 가자고 아버지가 깨웠지만 눈이 떠지지 않았다. 동생들 때문에 아버지 등에 업혀본 기억이 없는 나를 아버지가 등에 업었다. 구수한 아버지의 담배 냄새가 등에서 났다. 언제 졸렸냐는 듯이 갑자기 신이 났다.

논둑길을 아버지 등에 업혀 가던 그날 밤, 하늘에 은하수가 쏟아질 듯 반짝였다. 혼자 걸어서 할머니 댁에 갈 때는 마을을 건너서 가는 길이 멀어 논밭을 가로질러 뛰어다녔는데, 그날은 달랐다.

쏟아질 듯 들판의 냇물처럼 흐르는 은하수 하늘 아래, 아버지의 발걸음이 오른발에서 왼발로 옮기는 리듬을 따라가며 그 길이 끝없이 이어지기를 별을 보며 바랐다. 아버지 등에 업히니 서쪽 산 위에는 유독 빛나는 큰 별이 가까이 보였다. 커서 북극성이라는 것을 알게 되었다.

초등학교 졸업 후 진학한 중학교는 이십 리 거리였다. 왕복 3시간 거리. 겨울철 늦은 하교 시간에 산길을 걸어오다 보면 무섭기도 했다. 어둠 속 산의 검게 보이는 나무 형상이 때로는 움직이는 것 같아 오싹하여 소름이 돋기도 했다. 그럴 때 밤하늘을 보면 달은 온데간데없고 별들이 친구처럼 빛나는 얼굴로 처다보는 것 같았다. 수업 시간에 선생님이 강조하는 부분에 별을 한 개 두 개 그리며 공부하던 기분으로 하늘의 별을 바라보며 다녔다. 한문 시간에 별 성자를 배우고, 사자성어를 배우는 시간에 별과 구름이 좋은 사자성어에 많이 쓰이는 것을 알았다. 그즈음 별에 많은 의미를 부여하기 시작했다. 꿈과 이상은 별과 같다. 손으로 만지지는 못하지만 별처럼 높은 꿈을 갖고 마음잡고 가다 보면 성공의 길에 이를 수 있다고 믿었다.

중학교 졸업장의 잉크가 마르기도 전에 나는 청운만리 꿈을 간직하고 부산 구서동의 대광산업에 취직했다. 성공이 무엇인지 모르고 꼬마처럼 별을 딸 수 있을 것 같은 다짐으로 직장 생활을 시작했다. 두메산골 시골에서 마을 사람들과 부모님의 사랑을 먹고 자라던 환경과 판이한 직장 생활이 이어졌다. 내가 태어날 때는 돌이 지나기 전에 죽는 아이가 많았다. 나도 죽을지 모른다는 이유로 출생신고가 몇 년 늦게 되었다. 별다른 방도가 없어 다른 사람의 이름으로 취직했다. 누가 이름을 불러도 내 이름이 아니니 대답을 즉각 하지 못해서 꾸중도 많이 들었다. "너는 정신을 어디다 놓고 일하노!" 억세고 거친 발음의 부산 말투는 내 향수병을 악화시켰다. 향수병이 심한 날은 하늘의 별을 자주 바라보며 '고향 집 산 위에도 저 별이 빛나고 있겠지!' 하며 설움을 삼켰다. 별을 바라보며 울먹이는 밤이면 더욱 성공하고 싶은 마음이 별처럼 내 가슴에 빛을 발하며 나타나 나를 내려다보았다.

공부하는 것이 성공하는 길이라고 여기며 직장 생활과 공부를 병행했다. 처음엔 무작정 고등학교에 다니고 싶은 마음에 야학의 문을 두드렸다. 공부하고 싶은 굴뚝같은 바람은 야학 선생의 자주 바뀜과 친구 사귐으로 시들해지곤 했다. 검정고시를 치러야 한다는 압박감이 야학을 다니는 친구들과 나의 꿈을 조금씩 갉아먹었다. 직장 지인의 조언으로 방송통신고등학교에 입학하면서 혼자 공부하는 길을 택했다. 그 사람은 지금 기억에서 잊혔지만, 그 사람도 내겐 정직한 꿈을 꾸게 한 별이었다.

매월 첫째, 셋째 일요일에 학교에 가고 방송을 들으며 공부하는 학교였다. 나의 목표는 대학 진학이었다. 한 달에 두 번 등교하는 학생이지만 나의 꿈은 하늘의 별보다 더 높았다. 나는 별보다 빛나는 백의의 천사, 간호사가 되었다. 고등학생들의 진학 학과 중에서 인기가 높은 직업인 간호사가 된 것이다. 그러나 호락호락하지 않은 3D 직업임을 부정할 수 없을 정도로 업무 적응은 힘들었다. 늘 더 높은 곳에서 빛나고 싶었던 나는 갈등이 많았다.

갈등 속을 헤매다 찾은 곳에서 별빛 같은 지혜를 깨닫게 해주는 큰 별빛을 보았다. 지리산 자락의 밤은 유독 깜깜하고 추웠다. 세상의 불빛은 별들에게 양보하고 다 잠자리에 들었는지 문을 열고 나오면 한 치 앞이 보이지 않았다. 손전등을 들고 화장실을 가는 길에 산짐승이 나올 것 같기도 한 밤이지만 더 이상 두려움은 없었다. '나는 누구인가?' 간호사. 엄마, 딸, 아내……, 답을 알고 싶어 찾았던 '깨달음의 장'에서 나는 내가 빛나는 별이라는 것을 깨달았다. 아픈 사람의 손을 잡아줄 수도 있는 사람. 신규로 입사해서 죽고 싶어질 정도로 힘들어하는 병아리 간호사에게 따뜻한 위로의 말을 할 수 있는 사람. 형제와 엄마, 가족에게 소중한 사람. 무엇보다 내 삶의 주인은 바로 나라는 것을 깨달았다. 별은 하늘에도 있지만 내 가슴속에서 더 반짝이며 빛나고 있다는 것을 깨닫게 해준 〈깨달음의 장〉은 내 삶의 북극성으로 떠올라 선명하게 반짝이고 있었다.

지금은 정년퇴직하고 별보다 빛나는 반짝이는 일상을 보내고 있다. 소홀했던 가족의 아침 밥상을 차리고 있노라면 어릴 때 엄마의 부엌에서 들리던 도맛소리도 들린다. 직장 생활로 소홀히 하던 건강을 위한 운동도 규칙적으로 할 수 있게 되어 기쁘다. 운동 트레이너는 나의 건강지킴이 별이다. 비용을 지급하고 다니지만, 좋은 사람을 만나서 운동을 배울 수 있어서 감사하다. 부산 큰솔나비 독서모임도 큰 별이다. 책을 읽고, 토론하며 서로의 지혜를 나누는 모임이다. 시간이 갈수록 반짝반짝 빛나는 선배님들이 있어서 감사하다.

가장 일상적인 것이 별처럼 빛나는 특별한 것이라는 것을 알게 되어 감사하다. 밤하늘에 별이 아름답게 빛나 보이는 것은 우리 가슴속에 아름답게 바라볼 수 있는 빛나는 마음눈이 있어서가 아닐까!

4-2

보이는 것이 다가 아니다.
답은 내 안에

(강지원)

    우리는 살면서 많은 시간을 타인의 시선과 기대에 맞추며 살아간다. 나 역시 오랜 시간 내가 아닌 다른 사람들의 기준으로 나를 판단하고, 그들의 행복을 위해 나의 시간과 마음을 내어주었다. 그러나 인생의 여정 속에서 깨달은 가장 큰 진리는 결국 모든 답이 내 안에 있다는 것이다. 타인의 시선이 아닌 내면의 목소리에 귀 기울일 때 비로소 진정한 평화와 기쁨을 찾을 수 있다.

    9시까지 출근이었다. 매일 8시 전에 도착해 업무 준비를 했다. 고무판에 볼펜 자국이 있으면 세면대에서 수세미로 깨끗하게 씻었다. 직원들이 출근했을 때 밝은 표정이 보고 싶어서였다. 직원 생일이면 더 일찍 나와서 꽃다발을 준비해 책상 위에 두었다. 사업부서 금융 주임으로 있을 때였다. 사업 증강 기간이면 아침 시간에 먹을 것을 나눠주며 분위기를 띄워야 했다. 집배원들이 많았다. 실내에 있는 직원보다 외근하는 직원이 더 신경 쓰였다. 무엇을 해

주면, 직원들이 기뻐할까?' 생각했다. 겨울이라 따뜻하고 몸에 좋은 음료가 생각났다. 부산 서면에 있는 부전 시장의 약국들을 여러 군데 돌아다녔다. 그때는 차가 없었다. 검은 비닐봉지에 담아오다가 봉지가 찢어졌다. 도로에 떨어져 굴러다니는 음료병을 보며 어떻게 해야 할지 당황할 때가 있었다.

사업 부서 팀장 시절에는 연말 회식이 많았다. 부서별 회식이 있을 때 팀장은 필수로 참석해야 했고 술자리는 새벽까지 이어지곤 했다. 팀장은 술을 안 마시거나 조용히 있을 수 없다. 술자리 분위기를 주도해야만 했다. 성격검사에서는 내면은 내성적, 외면은 활발하다고 나왔다. 가운데 앉거나 나서는 것을 싫어했지만, 업무상 그렇게 할 수밖에 없었다. 하지만 처음이 어렵지, 막상 하고 나면 괜찮았다. 다른 사람에게 잘 보이고 인정받는 것이 우선이었고, 모든 중심은 타인에게 있었다.

남편도 마찬가지였다. 술자리가 많았고, 술을 만취해도 새벽 기도를 가는 남편이 이해되지 않았다. 주말에라도 집에 충실하길 바랐지만, 남편은 교회가 우선이었다. 자녀에게 아버지가 필요한 순간에도 남편은 교회 집회에 갔다. 교회가 싫었다. 그러다가 퇴직이 가까워질 무렵, 종교가 있으면 좋겠다는 생각이 들었다. 고등학교 때는 불교학생회 활동을 했고, 포항에서 부산으로 전학 와서는 가

톨릭 학교에 다녔다. 종교가 없어도 불편하지 않아 오랜 시간 무교로 지냈다. 그런데 어느 날부터인가 일요일 집에 있으면 숙제를 안 한 것처럼 찝찝한 마음이 들기 시작했다. 혼자서 여러 종교를 알아봤다. 교회는 마침 통성기도 하는 날이어서 적응이 안 됐고, 성당에서는 매주 수요일 교리도 받았지만, 예배 시간에 일어났다 앉았다 하는 것이 많아 쑥스럽고 힘들었다. 자연스레 둘 다 포기했다.

종교는 내가 가지고 싶다고 되는 것이 아닌 것 같았다. 나도 모르게 자연스럽게 교회를 다니게 되었고 지금은 책보다 성경을 읽는 시간이 훨씬 많아졌다. 카자흐스탄, 우즈베키스탄, 일본 등 선교를 다녀오면서 세상을 바라보는 눈이 달라졌고 삶에 대해 바라보는 시선이 조금씩 넓어지고 있음을 느낀다. 삶에 대한 시선이 달라진 만큼 마음도 여유가 생겼다.

나이가 들수록 추억이 많이 떠오른다. 그 시절이 그립고 돌아가고 싶은 마음이 들 때가 많다. 간절한 마음이 하나님께 전달이 된 걸까? 카자흐스탄과 우즈베키스탄은 어릴 때 내가 살았던 곳의 모습과 비슷한 점이 많았다. 가마솥과 건물에서 떨어진 곳에 퍼세식 화장실이 있었고, 흙에서 뛰어노는 아이들을 보며 어린 시절 기억이 떠올릴 수 있어서 감사했다.

처음 선교를 다녀온 후에 우리나라에 태어난 것이 감사했고 내가 가진 모든 것이 좋아 보였다. 깨끗한 화장실과 국민을 위한 서비스 문화 등, 평소에 느끼지 못했던 편리함이 더 크게 다가왔고 말로 표현할 수 없는 감동이 밀려왔다.

내가 보는 세상이 전부가 아니라는 것을 알게 되었다. 언어가 통하지 않고 생김새가 달라도 음식과 잠자리를 제공해주는 그들을 보며, 내 것만 지키려고 애쓰던 자신을 돌아보게 되었다. 더 좋은 환경에 살면서도 마음의 여유는 없고, 더 가지려고 질투하고 시기하던 내 모습이 필름처럼 지나갔다.

최근 본 영화 '스트리밍'은 돈을 위해 사람의 목숨도 가볍게 여기는 세상을 보여줬다. 잔인한 콘텐츠를 사람들이 선호하기에 돈을 벌기 위해 어떠한 위험을 감수하며 방송하는 모습을 그렸다. 영화지만 현실 속 우리의 모습이기도 했다. 요즘 사람들은 다른 사람의 성공보다 불행한 이야기에 더 관심을 보인다. 이웃 사람과 음식과 좋은 것을 나누던 옛 모습은 찾기 어렵다. 손만 뻗으면 다양한 콘텐츠를 접할 수 있는 지금, 나를 사랑하며 의미 있는 삶을 사는 것이 중요하다. 삶은 살아내는 것이 아니라 사는 것이니까.

눈 가리고 달리는 경주마처럼 삶의 의미도 모른 채 앞만 보고 달렸다. 돈, 명예 등 왜 그토록 갈구했을까? 아무리 많이 가져도 만족은 없고, 원하는 만큼 얻어도 죽을 때 가져갈 수 있는 것은 없다.

나는 할 일을 두고 못 참는 성격이었다. 정리할 것이 있으면 잠을 안 자도 다 해야 직성이 풀렸다. 내가 없으면 세상이 돌아가지 않을 줄 알았다.

"양말을 아무 데나 두지 말고 바로 세탁실에 넣으면 안 되나? 의자에 수건 좀 안 걸면 안 되나?" 놓는 곳이 쓰레기통이고 보이는 곳이 수건걸이인 남편에게 30년간 말했다. 하지만 여전히 그대로다. 남편은 자기 생각이 아닌 것은 절대로 하지 않는다는 것을 너무 늦게 깨달았다. 이제는 내 감정을 한순간이라도 다른 사람으로 인해 방해받고 싶지 않다. 입 밖으로 내는 순간 내 감정이 된다.

교회는 내가 죄인이라고 했고, 내 죄를 위해 예수님이 십자가에서 죽었다고 했다. 처음에는 믿기 어려웠다. 하지만 성경을 읽으며 조금씩 죄인임을 알게 되었고, 그것을 시인하는 순간 내가 보는 것이 전부가 아님을 알 수 있었다.

내 안에 답이 있다. 다른 사람에게서 답을 찾으려고 하면 어렵다. 내가 없어도 세상은 잘 돌아가고, 내가 일일이 간섭하지 않아도 아무 문제가 없다. 세상에 경쟁자는 없다. 경쟁자는 내 안의 나다. 세상에서 한발 물러나면 새로운 것이 보인다. 신은 나에게 가장 좋은 것을 주지만, 내가 받지 못하고 있다. 선물을 받으려면 두 손을 펼쳐야 하는데, 우리는 자꾸 무언가를 잡으려고 쥐려고만 한다. 손을 펼치는 순간 내가 보는 것보다 더 크고 아름다운 세상이 다가온다. 그것을 알아내야 할 사람은 다른 누구도 아닌, 바로 나 자신이다.

4-3

잃어버린 방향
(구미옥)

나는 10년 전 은퇴한 후 조그만 교육마케팅 회사에 재취업했다. 이 회사에서 8개월 근무 후 사표를 썼다. 왜냐하면 입사 후 첫 두 달만 월급을 받았고 사무실 운영 경비, 영업비용 등을 주지 않았다. 동료 직원들도 몇 달째 월급을 받지 못했다고 했다.

전 회사 경력으로 부산 D대 산학단 사무실을 무료로 사용했다. 이 대학의 중요 교수님의 추천으로 평생학습 연계 중소기업지원 창업프로그램에도 참가하여 소정의 정부기금도 받게 되었다. 사무실에서 창출하는 체험학습프로그램 소득은 전부 다 본사에서 가져가고 지사인 우리에게 한 푼도 주지 않아 사표를 결심했다. 몇 달째 사표가 수리되지 않아 내용증명을 보내고 일방적으로 사무실을 나가지 않았다. 본사 사장은 회사에 손해를 입혔다고 나를 배임행위, 업무방해죄로 고소했다. 중소기업창업프로그램에도 참가하여 정부로부터 기금도 받았으나 반납했다. 모든 사정을 산학단에 해명하니 받아 주었다. 그 당시 나는 공인중개사 시험으로 모르는 전화는 받지 않았는데~~한 번호로 계속 발신 번호가 떠서 받았더니 사상경찰서라고 한다. 출두하라고 한다. 경찰서 근처에도 가보지 못한 내가 고소를 당해 경찰서에 가야 한다니, 너무 놀라서 맘이 진정이 되지 않았다. 나는 무보수로 일한 대가밖에 없는데….

법에 능한 주변 지인의 도움으로 사실 확인서, 증명서를 경찰서에 제출하니 벌써 주변 조사가 끝났다고, 담당 여자 경찰이 아무것도 잘못한 게 없다고 걱정하지 말라고 한다. 아니나 다를까? 2주 후 서부검찰청 담당 검사로부터 무고하다는 서류를 받았다.

나는 이 일을 겪으면서 너무 사람을 믿고, 또 어이없는 일을 당했을 때 내 자신을 지키지 못하고 불안에 떨면서 마음이 너무 나약하다고 생각했다. 예전에도 이런 유사한 일이 많았다. 나는 어릴 적부터 내가 늘 지는 게 편했다. 매사에 줏대가 없고 주변의 시선에 많이 흔들리는 나를 돌아보게 되었다. 이 사건을 계기로 어찌하면 나 자신을 알고 내가 강해지는 방법이 없을까 고민했다. 동생은 성철스님 살아생전부터 해인사 백련암에 다니면서 기도 수행을 하는 것을 보고 나도 책이나 친구가 아닌 나 스스로 기도를 통해 무언가 바꾸고 싶었다.

나 자신을 진솔하게 느끼며 삶의 주인인 내가 주인 노릇을 하고 있나? 손님 노릇을 하고 있나? 주변의 흘러가는 감정을 조절하지 못하고 흐름의 변화에 따라 좋아하기도 하고 안절부절못하는 내 마음을 보았다. 일체의 현상은 자연스럽게 흘러가는데 그 속에 만물의 영장인 나는 왜 이럴까?

새로운 나, 지혜로운 나, 자성을 찾기 위해 우선 기도와 명상을 하기로 했다. 그해 가을, 2017년 가을 음력 10월 아비라 기도를 하기로 했다. 동생도 몇 번이나 동참하자고 했지만 거절했던 기도이다. 이 기도는 매년 4번, 정초기도부터 시작해서 음력 4월, 7월, 10월 매년 4회, 3박 4일 정진하는 기도이다. 기도 시작 하루 전 백련암 법당에 짐을 푼다. 전국에서 입제하러 온 보살들이 각 전각마다 만원이다. 내가 짐을 푼 법당은 관음전으로 100여명이 들어와 있다. 사흘 동안 다 같이 기도하고 밥 먹고, 잠자는 곳이다.

아비라 기도는 생전 성철 스님께서 90일 동안의 세속의 때를 벗고 자성을 알고 지혜를 얻고, 또 다시 속세로 나가기 위해 힘을 얻는 기도라고 한다. 예불참회문 108배, 장궤합장기도, 30분 능엄 주 1독으로 이루어진 기도로 평균 1시간 정도 시간이 소요되며 1파트라 부른다. 4일 동안 24파트를 해야 회향할 수 있다. 특히 방석에 무릎 꿇고 허리 세워 합장하는 30분 장궤합장기도는 25분이 지날 무렵부터 부처님 전 옆 큰 대들보에 걸려 있는 시계만 쳐다본다. 1초라도 빨리 지나가기를 고대하며 허리가 끊어질 정도로 아프고 다리 감각이 없어질 정도의 혹독한 기도이다. 2일차, 3일차 기도가 끝나는 오후 6시경에는 일어설 수도 없고 걸을 수도 없다. 남의 눈 아랑곳하지 않고 엉엉 울었다. 저녁 공양 봉사도 할 수 없고 보살들이 가져다주는 밥과 국으로 방에서 끼니를 때웠다. 화장실도 편하게 갈 수 없어 참고 참아서 한 번에 가기도 했다.

하지만 시간이 지날수록, 하루가 지날수록 육신의 고통은 마음 깊이 자리 잡고 있는 마음의 찌꺼기, 내 마음속에 가득 차 있는 남을 향한 원망과 나 자신에 대한 불안이 사라지는 느낌을 받았다. 이것을 수행이라고 한다. 바로 내 안에 있는 보물 창고인 '본 마음'을 찾기 위해서이다. '닦아가는 행위' 바로 '때를 제거하는 행위'이다. 한 번만에 되는 게 아니고 늘 본연의 마음을 바라보면서 기도와 명상을 통해 가꾸어 나가야 된다고 생각한다. 한 번의 기도로 나를 바로 보고, 자성을 찾을 수는 없지만 그 후 나는 3년간의 아비라 기도 12번으로 회향했다. 요즘 무릎도 예전 같지 않고 힘도 부족해서 회향 후 광명진언기도로 전향했다.

친정 집 5남매 중간 첫째 딸로 태어난 나는 몸이 어릴 적부터 약했다. 부모님은 다른 형제들도 있었지만 나에게 더 큰 사랑을 주었던 것 같다. 어쨌든 나는 이기적이고 다른 사람들을 배려하는 게 부족했다. 학창 시절에도 남이 나를 좋아하고 배려하는 친구들만 친하게 지냈다. 순간의 이익에만 눈 돌리고 내가 희생하는 만사에는 눈을 돌리고 살아왔다.

마음 깊이 자기 존재에 대해서 스스로 알지 못한다면 삶의 장을 어찌 잘 운전해 갈 수 있을까? 그 후 나는 매년 4번의 3박 4일 기도로 남을 위해서 노력한 것이 근본이 되어 내 마음이 밝아지고 행복해지는 것을 느끼고 있다. 이 기도 수행뿐만 아니라 늘 글을 씀으로써 나 자신을 반추하고 나의 내면에 드리워져 있는 잘못된 습기를 바로잡아 나가는 것에 우선의 목표를 둔다면 일상생활에서 벌어지는 자질구레한 일에 마음도 덜 빼앗기는 마음의 작용, 변화를 가지고 싶다.

이를 계기로 나 자신이 아닌 남을 위한 삶의 태도도 갖고 싶으며 이것이 곧 나를 찾는 길이라고도 생각한다.

4-4

작은 위로, 뮤릴로
(권은주)

어릴 적, 나는 별의 세계에 대해 상상하곤 했다. '반짝반짝 작은 별' 노래 멜로디는 따뜻하게 말을 걸어오는 듯했고, 피아노로 그 변주곡을 치며 작은 손으로 별을 하나씩 만지는 듯한 기분을 느꼈다. 마음속에서 늘 반짝였던 그 선율은, 지금도 내 안에 조용히 울리고 있다. 세상이 시끄러워질수록, 나는 조용한 것들에 기대고 싶어진다. 너무 많은 소리, 너무 많은 의견, 그리고 하루에도 몇 번씩 바뀌는 '정답' 속에서 방향을 잃을 때면, 문득 밤하늘을 올려다본다. 말이 없는 별들. 그저 그 자리에 가만히 박혀 있는 존재들은 늘 나를 진심으로 위로했다.

고등학교 1학년 여름, 지리산 산청으로 수련회를 갔던 밤이었다. 깊은 산속, 불빛 하나 없는 어둠 속에서 올려다본 하늘은 지금도 잊히지 않는다. 하늘에 구멍이 난 듯, 별들이 쏟아져 내리고 있었다. 처음으로 별이 '떨어질 것 같다'라는 말을 실감했고, 그 순간 가슴 깊은 곳이 벅차올랐다. 말로 다 표현할 수 없는 감동이었다. 그 순간, 나는 우주와 나의 존재를 연결 짓는 듯한 깊은 감동이 밀려왔다. 그 밤, 우리는 우주의 작은 점일 뿐이라는 사실을 받아들였다. 수많은 별과 이어진 작은 점 하나. 그날 밤, 별들은 내게 진정한 위로가 되었다.

그때부터 별은 단순히 천체가 아니라 내면의 나침반이 되어 주었다. 세상이 혼란스러워도, 밤하늘을 올려다보며 방향을 되짚을 수 있었다. 별들이 나를 기다리고 있다는 느낌에, 나는 다시금 힘을 낼 수 있었다. 그 자체만으로 너무나도 특별한 존재였다. 빛나는 것을 넘어, 아무 말 없이 존재만으로 위로가 되는. 그래서였을까. 말수는 적지만 다정하게 곁에 있어 주는 친구 하나를 사귈 수 있었다. 고3 자율학습을 마치고 돌아오는 하굣길, 뿌옇게 피로가 낀 눈에 유독 선명하게 들어온 서쪽 하늘의 별 하나. 그 별은 이상하게도 내 이름을 아는 듯했다.

그 순간, 피곤함에 지친 몸이 조금은 가벼워졌고, 힘든 하루의 끝에서 다시 한번 나 자신을 격려할 수 있었다. 세상 속에서 내가 잘 버티고 있다는 사실을 그 작은 별이 알아주는 것만으로도, 그날 밤은 더없이 따뜻하고 소중하게 느껴졌다. 나만을 위해 반짝이고 있는 친구에게 이름을 붙여주기로 했다. 며칠을 고민하며 영어

사전을 뒤적였고, 결국 나만이 아는 단어, 세상 어디에도 없는 단어를 만들었다. '뮤랄로'. 나에겐 가장 특별한 이름이었다.

miuralo, 그건 오직 내 마음 안에서 태어난 단어였다. 발음에도, 모양에도, 뜻에도 누구의 흔적도 닿지 않은, 그래서 더 순수하고 온전한 위로였다.

친구에게 말 못 할 고민도, 부모님에게 전하지 못한 섭섭한 말들도 뮤랄로에게는 말했다. 뮤랄로는 그렇게 비밀 친구가 되었고, 차마 말로 꺼내지 못한 고민, 방향을 잃은 마음도 따뜻하게 안아주었다. 어둠 속에서 빛으로 전하는 응원은 말보다 더 깊은 위로가 되었으며, 마음속 깊이 새겨지며, 언제나 묵묵히 위로해 주는 존재가 되었다. 그렇게 비밀 친구로 오랜 시간이 흘렀다. 이메일이 처음 도입되던 시절, 나만의 유니크한 주소 명을 만들어야 했다. 고민 끝에 뮤랄로를 주소 명으로 사용하기로 했다. 하지만 그 의미를 아는 사람은 없었다. "뮤랄로, 이게 무슨 뜻이에요?" 누군가 물어왔지만, 그저 미소만 지었다. 서쪽 하늘에서 반짝이는 내 별친구라고 말하지는 못했다.

그렇게 '뮤랄로'로 이메일 주소로 쓰게 되었고, 사람들은 여전히 나를 찾을 때 '뮤랄로' 주소로 연락해온다. 처음엔 나만의 비밀이었던 그 이름이 지금은 누군가와 연결해 주는 다리가 된 것이다. 이젠, 나의 작은 별 이야기가 누군가에게는 작은 위로가 될 수 있을 것 같아 세상에 소개한다. 그 빛이 더욱 멀리 퍼질 것이라 믿으며.

뮤랄로는 서쪽 하늘, 언제나 그 자리에 있다. 아픈 현실에 상처받고, 바쁜 시간에 쫓겨 미처 밤하늘을 올려다보지 못했을 뿐. 오늘도 나는 고개를 들어, 여전히 나를 지켜보고 있을 반짝이는 별 친구에게 조용히 안부를 묻는다. "어때? 잘 지내지? 난 많이 변했는데, 넌 그대로구나. 지금, 난 어디쯤 와 있는 걸까?" 뮤랄로는 여전히 반짝이는 미소만 지을 뿐 대답하지 않는다. '네가 걸어온 길, 그리고 앞으로 나아갈 길을, 여전히 지켜보고 있어!' 말 없는 빛 속에서, 또 한 번 조용히 위로받는다.

4-5

말하지 못한 마음이 별이 되었다
(서정혜)

"아… 아… 안녕하테요." 나는 말더듬이였다. 단어 하나를 꺼내는 데도 몇 번이나 숨을 들이쉬어야 했다. 생각은 분명했지만 입은 그 생각을 제대로 전달하지 못했다. 말은 늘 막혀있었고 입안을 맴돌다 엉킨 채로 머물렀다. 말을 시작하기 전 나는 숨을 고르고 단어를 몇 번이나 반복해야 겨우 첫 문장을 시작할 수 있었다. 발음은 어눌했고, 갈매기 소리를 낸다고 놀림을 받았다. 내 언어는 말이 아니라 침묵 속에 있었다. 말하지 못한 날들은 억울했고 억울함은 늘 눈물로 솟아 나왔다. 속상해서 우는 것이 아니라 전하고 싶은 마음이 너무 커서 말문이 막히는 순간마다 울음이 먼저 솟구쳤다. 말보다 눈물부터 왈칵 쏟아내는 울보는 어릴 적 나의 모습이었다. 누구보다 말을 하고 싶었지만 말은 나에게 쉽게 허락되지 않는 언어였다. 말은 늘 불편했다.

하고 싶은 말을 하기 위해 글로 적어놓고 소리내어 연습했다. 글을 말로 옮기는 데는 늘 용기가 필요했지만, 종이에 쓰인 문장은 도망치지 않았다. 한 글자, 한 문장, 천천히 적어나가면 머릿속에서만 맴돌던 말들이 정돈되었다. 글에는 머뭇거림도 주저함도 없었다. 글쓰기는 내 마음이었다. 쓰고 나면 마음이 생겨났다. '봄이 왔다'라고 적으니, 내 안에도 봄이 피어났다. 봄이 와서 하고 싶은 것들이 적혔고 봄이 와서 그리운 사람들이 떠올랐다. 글을 쓰자 나는 내가 누구인지 이해하게 되었다. 나를 감싸던 불안의 정체도 글을 통해 마주하게 되었다. 숨을 고를 필요도 없이 반복해서 연습할 필요도 없이 글은 저절로 흘러나왔다. 쓰지 않으면 나는 아무것도 아니었다. 쓰고 나니 내가 되었다. 세상을 느끼고, 감각에 예민하게 반응하고, 표현할 수 있는 사람이 되었다. 글을 쓰고 나서야 내 안에 말들이 가득 차 있음을 알았다.

이리저리 얽히고 흩어져 있던 말들을 꺼내 적으니 자꾸자꾸 이어져 나왔다. 글을 쓰지 않았다면, 알 수 없었던 감정. '4월이구나'라고 쓰자 마음속에 꽃이 피고, 새가 울고, 초록이 솟아났다. 그동안 내가 기다려온 것이 4월의 따스함이구나 느껴졌다. 쓰지 않았다면 알 수 없는 조화로움이었다. 내 안에 엉망으로 얽혀 있던 말덩어리들의 시작점조차 찾지 못했을 것이다. 글로 적자, 언어가 실타래처럼 풀려나왔다. 짜이고 엮여서 옷이 되고, 무늬가 되고, 한 폭의 태피스트리가 되었다. 풀어놓고 나자 나도 마음이 있다는 것을 알게 되었다.

　말이 막히던 시간은 내게 또 다른 감각을 열어주었다. 나는 보고, 듣고, 느끼는 것에 예민해졌다. 햇살의 결, 바람의 냄새, 사람의 눈빛. 그 모든 것을 천천히 받아들이며 마음에 새겼고, 그것들은 글이 되었다. 고개 들어 바라본 하늘이 글이 되었고, 먹은 밥이 글이 되었으며, 나눈 대화와 읽은 책이 또 다른 글이 되었다. 마음이 답답할 때면 글로 꺼내놓았고, 고민이 있을 때면 글을 쓰며 스스로에게 물었다.

　글은 나의 친구였다. 아무 말 없이 내 마음을 들어주고, 판단하지 않고 내 생각을 펼치게 해주었다. 새로운 선택 앞에서도 글을 썼다. 앞으로 펼쳐질 미래를 상상하며 적어 내려가면, 조금은 마음이 놓였다. 글은 나의 결정을 정리하게 해주었고, 때론 잘못된 선택으로 인한 후회도 조용히 감싸 안아주었다. 쓰지 못했다면, 말이 되지 못한 미완의 언어들은 무엇이 되었을까. 언어의 가지들이 가슴속에 차곡차곡 쌓여, 마음의 통로를 막아버리고 밖으로 나올 길을 잃어버렸을 것이다.

　이제 나는 말을 더듬지 않는다. 하지만 어릴 적 습관은 그대로 남아 있다. 먼저 말을 꺼내기가 쉽지 않다. 첫인사조차 조심스럽고 낯선 사람에게 먼저 말을 걸지 못해 종종 차가운 사람으로 오해받는다. 말을 더듬었던 경험은 나를 조용하고 소심한 사람으로 만들었다. 여전히 말을 시작하려면 여러 번의 다짐이 필요하다. 숨을 들이쉬고 눈동자를 길게 굴리고, 목구멍에 걸린 단어를 조심스럽게 뱉어내야 다음 문장을 이을 수 있다. 이제는 하고 싶은 말을 하지 못해 억울한 마음은 덜하지만 내가 먼저 말을 시작하는 일은 여전히 어렵다.

글은 내 생각을 만들고, 감정을 만들어냈다. '오늘도 살았습니다'라고 쓰니 살아졌고, '오늘도 행복했습니다'라고 쓰니 행복해졌다. 나는 여전히 불안하다. 다시 말문이 막히고 말더듬이가 될지 모른다. 말을 잃어버리고 가슴이 답답하여 울고 있는 꿈을 아직도 꾼다. 상처받은 기억은 여전히 내 마음 밑바닥에 남아 타인의 말에 흔들릴 때마다 길을 잃게 만든다.

마음이 무겁고 설명할 수 없는 감정이 몰려올 때, 나는 종이를 펼친다. 비가 오면 비를 적고, 바람이 불면 바람을 적는다. 마음이 아리면 그 아픔을, 두려움이 밀려오면 그 그림자를 적는다. 내 안에 들어찬 언어의 조각들을 이어 붙여 글을 짓는다. 써야만 내 안에 가득 찬 실타래를 풀어낼 수 있기에, 써야만 가슴안에 응어리를 비울 수 있기에. 쌓인 말을 글로 비우고 나면 온전히 나로 남을 수 있다. 비우기 위해 나는 오늘도 그냥 쓴다. 나는 읽고, 쓰는 사람이 되었다.

말로 세상과 온전히 연결되지 못했던 시절, 글은 나를 이어주었다. 지금도 여전히 불안하고, 말은 늘 불편하지만, 글 덕분에 나는 나를 이해했고, 타인을 향한 문도 열 수 있게 되었다. 누구에게나 말로는 다 풀어내지 못하는 마음의 덩어리가 있다. 그것을 글로 풀어낸다면, 자신을 조금 더 깊게 들여다볼 수 있을 것이다. 말보다 느리지만 글은 자신의 내면을 향하게 만든다. 쓰는 것은 나를 선명하게 만드는 일이다. 언어의 무늬를 짓고, 잃어버린 목소리를 다시 찾는 일이다.

그러니 당신도 써 보기를. 조용히 앉아, 가슴속에 고인 말들을 하나씩 꺼내보기를. 그 말들이 별처럼 이어져 당신만의 별자리를 만들어줄 것이다.

4-6

모든 나는 별을 품고 있다
(양미란)

　어린 시절, 시골 외갓집 마당의 평상에 누워 밤하늘을 바라보던 기억은 아직도 내 마음 깊은 곳에 반짝이는 별빛으로 남아 있다. 매캐한 냄새를 풍기던 모깃불 연기 너머로 펼쳐졌던 까만 하늘, 그 위를 수놓은 찬란한 별들은 마치 금방이라도 쏟아져 내릴 듯 물결치며 빛나고 있었다. 그럴 때면 나는 혼자만의 세계에 빠져들어 되뇌었다. '별빛이 맑으니 내일은 날씨가 좋겠지!' '저 많은 별들 중에 내 별도 하나 있을까?' 자신의 아름다움을 자만하다가 의자에 앉은 채 거꾸로 하늘에 매달리게 되었다는 카시오페이아의 별자리를 보면서, 나도 내 별을 찾기 위해 눈을 반짝이며 하늘을 오래도록 바라보았다. 밤이슬에 젖어가는 여름밤의 평상에 누워 내 별을 찾는 꿈을 꾸었고, 언젠가는 하늘의 별들처럼 나도 반짝일 때가 올 거라는 희망을 키웠다.

　하지만 어른이 된 지금, 나는 경황 없는 일상 속에서 가끔 스스로 자문하게 된다. '내가 마지막으로 별을 본 게 언제였을까?' 매일 반복되는 일상 속에서 바쁘다는 이유로, 잠깐 고개를 들어 하늘을 올려다보는 일조차 잊고 살았다. 그렇게 나는 내 삶의 별을, 내 마음의 나침반이 가리키는 방향을 조금씩 놓쳐가고 있었던 것 같다. 그래서 오늘은 오랜만에 창문을 열어 밤하늘을 올려다보았다. 하지만 별은 하나도 보이지 않는다. 낮에 비가 내리더니… 구름에 가린 찌푸린 하늘은 아무것도 보여주지 않았다. 문득 홀로코스트의 현장이었던 아우슈비츠 수용소의 벽에서 발견했다는 글귀가 생각난다. '나는 믿는다. 태양이 빛나지 않을 때도 태양이 있음을, 사랑을 느끼지 못할 때도 사랑이 있음을, 신이 침묵할 때도 신이 있음을 나는 믿는다.'

별은 언제나 똑같지는 않았다. 어떤 날은 셀 수 없이 많았고, 어떤 날은 손가락으로 꼽을 만큼 드물었다. 하지만 이상하게도 별이 적은 날에는 그 몇 개의 별이 유난히 더 선명하게 빛나게 느껴졌던 기억이 있다. 마치 별들조차 숨을 고르고, 조용히 마음을 다잡는 시간이 필요한 것처럼 인생도 그러한 것 같다. 반짝하고 빛나는 '별의 순간'이 있는가 하면, 조용히 자신을 재정비하고 갈무리하는 시간도 필요하다. 아무것도 보이지 않는 캄캄한 밤하늘에게 나는 묻는다. '별들도 때로는 어디 숨어서 울어야 하는 걸까? 빛나는 것에 지쳐서 한동안은 자신만의 어둠 속에서 머무는 걸까? 그렇다면

나도 지금까지 그 별들처럼 그렇게 지쳐서 숨어 있어야 했던 시간이 필요했던 것이 아닐까?'

어느 순간부터 나는 내가 가야 할 길을 잃고 있었다. 수많은 갈림길에서 선택의 순간에 흔들렸고, 때로는 잘못된 길을 택하기도 했다. 지나고 나니 후회되는 일이 많았다. 더 소중하게 여겼어야 했던 관계들, 놓쳐버린 기회들, 더 잘할 수 있었던 일들…. 하지만 돌아보면 그 모든 선택이 결국 지금의 나를 만들어주었고, 내가 어떤 방향을 향해야 하는지를 조금씩 알려주었다. 아이를 낳고, 다시 일을 시작하려고 했을 때도 많은 제약의 벽과 마주쳤다. 나이라는 숫자가, 경력의 공백이, 육아의 무게가 내 발목을 잡았고, 원하는 일을 마음대로 할 수 없었던 현실 앞에서 많이 좌절해야만 했다. 그럼에도 불구하고 나는 지금 내가 할 수 있는 일을 하고 있다는 사실에 감사하고 있다. 완벽하지 않고, 많이 반짝이지도 않지만, 나는 지금 나만의 별을 좇아 걸어가고 있다는 생각이 든다.

올해, 나는 내 삶에 작은 전환점을 만들었다. 운동을 시작했고, 글쓰기를 시작했다. 이는 단순한 취미가 아닌 내 안을 들여다보고 스스로를 다독이는 시간을 나에게 주기 위한 것이다. 수영장 물속에서 호흡을 가다듬고, 글 속에서 내 마음을 하나하나 꺼내 정리하면서 나는 조금씩 내가 누구인지, 어떤 삶을 원하는지, 다시 확인해 볼 수 있었다. 이제 나는 마음 줄 곳이 없어 그저 스마트폰을 만지작거리며 흘러보냈던 시간들을 더 이상 나에게 허락하지 않는다.

나는 이제 알게 되었다. 이 혼란스러운 세상에서 내 삶에 진정 필요한 것은 항상 같은 자리를 지키며 방향을 알려주는 내면의 북극성이라는 것을. 그리고 누군가에게 맞춰 사는 삶이 아닌, 나를 찾는 여정에서 어떤 별자리의 속삭임에 귀 기울여야 하는지를…. 광활한 우주 속에서 나는 참 작은 존재이지만, 그렇다고 해서 무의미한 존재는 아니다. 찬란하게 빛나지 않는 작은 별빛일지라도, 누군가에겐 길을 가리키고 밝혀주는 불빛이 될 수 있다. 나도 그렇게 누군가의 밤길에서 작고 희미하게나마 별빛으로 느껴질 수 있다면 좋겠다.

5월의 싱그러운 바람이 열린 창문의 문턱을 타고 들어온다. 이제 봄은 절정을 향해 달려가고 있다. 성기던 나뭇가지마다 푸른 잎사귀들이 무성해지고, 화려한 자태의 온갖 꽃들이 앞다투어 피어나는 계절이다. 겨우내 대지의 품속에서 움츠리고 있던 작은 씨앗들이 어느새 언 땅을 뚫고 나와 싹을 틔우고 꽃을 피웠다. "내가 원하는 것은 이미 내 안에 있다."라는 에머슨(Ralph Waldo Emerson, 1803~1882)의 말을 새삼 실감한다. 강퍅한 내 마음의 자갈밭에서도 새로운 도약을 갈구하는 에너지가 벅차게 솟아오르는 것을 느낀다. 이제 나는 내 안의 별을 따라 차분하고 여유롭게 걸어간다. 조금 늦어지더라도 급히 서두를 필요는 없다. 나의 별은 언제나 그 자리에 있을 거니까.

4-7

내면의 빛과 나침반 찾기
(이명숙)

　혼란스럽고 불확실한 시대를 살아가는 우리에게 필요한 것은 외부의 정답이 아니다. 내면 깊숙이 자리한 나만의 나침반이다. 밤하늘 별처럼, 나침반은 때로는 흐릿하게 보일지라도 언제나 나를 올바른 방향으로 이끌어준다. 별은 하늘 저 멀리 가 아니라 내 마음 안에 있다. 마음의 별을 바라볼 준비가 되었을 때 삶의 방향을 제시해 주는 믿음직한 안내자가 된다.

　내 삶을 뒤돌아보면 선택의 연속이었다. 어디로 가야 할지, 어떻게 살아야 할지, 지금 걷고 있는 이 길이 맞는지 확신할 수 없는 순간들이 나를 괴롭혔다. 회사 상황이 변할 때마다 어떤 선택을 해야 할지 늘 나를 시험했다. 회사에서뿐 아니라 살아오면서 많은 정보와 선택지들 앞에서 나는 늘 힘들었다. 이럴 때 나에게 중심을 잡게 한 것은 내면의 목소리에 귀 기울이는 것이었다. 조용하지만 확고한 마음속 목소리. 어린 시절 시골 하늘에서 바라본 별들처럼, 그 빛은 아무 말 없이 그저 조용히 자리에서 내게 말하고 있었다.

어릴 적 시골에서 기억이 선명하다. 친구들과 늦은 시간까지 놀다가 집으로 돌아오는 골목길에서 마주한 별들은 마치 손에 닿을 듯 가까이 느껴졌다. 비 오는 날이나 흐린 날에는 보이지 않았지만, 하늘이 맑은 날이면 언제나 별들은 변함없이 그 자리에 있었다. 그 별들은 아무런 말도 하지 않았다. '잘하고 있어', '이 길이 맞아'라는 위로의 말 한마디조차 건네지 않았지만, 그저 조용히 빛을 내며 나를 바라보고 있을 뿐이었다.

내 인생에도 수많은 방황의 순간들이 있었다. 어릴 적 입은 화상으로 인한 상처, 원인 모를 잦은 실신, 사람들 앞에 서는 것이 두려웠던 시절들. '나만 왜 이럴까?', '나만 왜 이렇게 힘들까?'라는 자책과 의문이 끝없이 밀려왔다. 그럴 때마다 나는 시골의 그 별들을 떠올렸다. 답을 주지도 않고, 위로의 말 한마디 건네지 않았지만, 언제나 변함없이 그 자리에서 빛나고 있던 그 별들 말이다.

첫 번째 인생의 큰 갈림길은 직장을 선택하는 순간이었다. 공무원에서 공사로 근무 형태가 바뀌던 시절, 대학교(근무지)로 갈 것인지 병원에 남을 것인지 결정해야 했다. 두 번이나 대학교를 선택했지만, 세 번째 갈림길에서 아버지의 건강이 악화되었다. "그냥 병원에 근무해라"라는 아버지의 한마디에 많은 아쉬움을 품고 병원을 선택할 수밖에 없었다.

그때는 정말 후회스러웠다. 대학교(근무지)로 간 친구들의 자유로운 일상이 부러웠다. 긴 방학과 여유로운 근무 환경, 자기 계발을 위한 시간적 여유, 시험 감독이나 출장 등으로 얻는 새로운 경험들까지. 모든 것이 부러움의 대상이었다. 하지만 지금 돌이켜보면, 그때의 선택이 옳았음을 깨닫는다. 별이 나에게 정해진 길을 제시한 것이었을지도 모른다.

병원에서 25년 근무했다. 나는 나만의 방식으로 환자들과 보호자들에게 따뜻한 도움을 줄 수 있었다. 복잡한 병원 서비스를 이해하기 쉽게 설명해 주었다. 막막해하는 이들에게 여러 가지의 예시를 제시해 주었다. 그들의 어려운 병원 생활에 작은 위로가 될 수 있었다. 아마도 그것이 내가 있어야 할 곳에서 해야 할 일이었을 것이다.

또 다른 별의 인도는 병원 근무 25년 차에 찾아왔다. 새로 생긴 다른 병원에서 도움을 요청해 왔다. 처음에는 나를 필요로 하는 곳이 있다는 사실에 기뻤다. 하지만 그 시기에 기존 병원에서는 새로운 전산 시스템 도입으로 정신없이 바쁜 상황이었다. 연일 계속되는 테스트와 야근, 시스템의 오류를 찾아 수정하는 반복적인 작업들. 힘들었지만 문제를 하나씩 해결해 나가는 과정에서 느끼는 성취감도 있었다.

결국 전산 시스템 오픈을 성공적으로 마쳤다. 2월쯤 잠시 다른 병원에 업무를 도우러 갔는데, 그곳에서 바로 현재 근무지로 출근하라는 예상치 못한 제안을 받게 되었다. 어영부영하다가 결국 그곳으로 출근하게 되어 지금까지 일하고 있다. 이 모든 과정도 별들이 나를 이끄는 방향이었던 것 같다.

돌이켜보면, 내 인생에는 수많은 별이 있었다. 부모님의 따뜻한 말 한마디, 친구의 짧은 위로, 책 속의 감동적인 문장 한 줄, 텃밭에서 새롭게 돋아난 새싹 같은 일상의 사소한 순간들. 그 모든 것이 나의 기쁨이 되어 별처럼 내 마음 안에서 빛나며, 믿음과 따뜻함, 그리고 포기하지 않는 단단한 의지의 끈으로 연결되어 있었다.

오늘도 나는 하늘을 올려다본다. 예전처럼 별이 선명하게 보이지는 않지만, 진짜 별은 저 멀리 하늘에 있는 것이 아니라는 것을 안다. 진정한 별은 내 안에 있다. 때로는 이리저리 흔들리면서도 결국 바른길을 찾아가도록 방향을 제시해 준다.

요즘을 살아가는 우리에게 필요한 것은 내면의 나침반이다. 외부의 목소리에 휩쓸리지 않고, 타인의 기준에 자신을 맞추려 애쓰지 않고, 오직 내 마음 깊숙한 곳에서 들려오는 조용하지만, 확실한 목소리에 귀 기울이는 것. 그것이 바로 혼란한 시대를 헤쳐나가는 가장 확실한 방법이다.

삶의 방향이 흔들릴수록, 선택의 갈림길에서 갈팡질팡할수록, 우리는 더욱 내면의 빛나는 별을 바라보아야 한다. 그 별은 우리가 바라볼 준비가 되었을 때 비로소 모습을 드러내며, 우리만의 고유한 길을 밝혀주는 믿음직한 나침반이 되어줄 것이다.

4-8

나답게! 어른답게 살아가기
(이은숙)

나에게는 인생의 스타들이 있다. 바로 어른이 어른답게 살아오신 분들이다. 많은 사람들이 치열하게 살아간다. 지금의 재무설계사 일을 하기 전에 10여 년 동안 사회복지사로 일을 했다. 복지관에서 일을 하다 보면 많은 어르신을 만나게 된다. 어르신 중에는 어른의 말은 무조건 들어야 한다는 생각을 가진 분들도 많다. 하지만 참된 어른들의 모습도 많이 본다. 젊은 사람이지만 배려하고, 인생의 경험을 나누려고 하시는 분들도 많다. 그런 모습들을 볼 때마다 나도 나이 들면 젊은 사람들에게 배려하고, 이해하는 사람이 되고 싶다고 다짐한다. 그렇게 다짐하지만 어쩔 수 없는 어른인지 흔히 얘기하는 꼰대 어른의 모습이 보이기도 한다. 그럴 때마다 깜짝 놀라곤 한다.

세상을 살아가다 보면 기준과 방향을 정해서 살아가고 싶다. 태어났으니까 사는 게 아니라 올바르게 생각하는 가치 기준으로 누구나 봤을 때 인정되는 삶을 살고 싶다. 내가 원하는 삶이란 어떤 것인가? 불확실한 것들도 가득한 세상에서 나만의 가치는 무엇이 있을까? 중요한 가치는 어떤 것인가? 반복되는 일상에서 어떻게 살아가는 것이 잘 사는 삶일까? 매일매일 생각한다. '내가 원하는 삶은 무엇인가?' 요즘 지인들과 얘기를 하다보면 살기 힘든 시기라고 한다. 앞으로 우리 아래 세대들은 더 힘든 세상에서 살 거라고 얘기한다. 모든 부분을 동의하지는 않지만, 어느 부분은 일부 동의한다. 이렇게 혼란스러운 세상일수록 자신만의 기준과 가치가 있다면 조금은 나아지지 않을까 생각한다.

진짜 어른이 되고 싶다. 시간이 지나면 누구나 어른이 되기는 쉽지만 제대로 된 어른이 되기란 쉽지 않다고 생각한다. 어린 시절 나는 빨리 자라 어른이 되고 싶었다. 어른이 되고 나면 뭔가가 이루어져 있을 거로 생각했던 것 같다. 그런데 막상 어른이 되고 나니 생각보다 책임이 따르는 일들이 많았다. 그러면서 깨달았다. 어른이 되기는 쉽지만, 제대로 된 어른답기는 쉽지 않다는 것을…. 어른답게 나이 들어가고 싶다. 가끔 잘 살아가고 있는지 물어볼 때가 있다. 누구도 알려주지 않는 답을 기다리며 되돌아본다. 세상을 살아가다 보면 어른임에도 눈살이 찌푸려질 때가 있다. 도대체 왜 저러지? 절대로 그러지 말아야지 생각한다. 하지만 나도 모르게 그렇게 하고 있을지 모를 일이다.

최근 넷플릭스에서 '어른 김장하'라는 다큐멘터리를 봤다. 큰 울림이 있었다. 내가 원하는 어른의 이상향이었다. 진주에서 남성당 한약방을 운영하는 분으로 아픈 사람으로 인해 돈을 벌었으니 그 돈으로 내가 호의호식할 수는 없다고 생각하고, 사회에 환원을 생각하시고 그 생각을 실천한다는 생각을 가진 분이시다. 지금처럼 혼란스러운 한국 사회의 큰 어른이라 생각한다. 지금 내 자리에서 어른으로 할 수 있는 일들을 조금 더 구체적으로 계획해 볼 생각이다.

재무설계사 일로 전향하면서 수입의 일부를 매년 사회사업에 지원했다. 사회사업가를 꿈꾸며 10년 동안 내 이름으로 지역사회 사회사업을 실천했지만 조금 더 구체적이고 큰 계획을 세워보려고 한다. 분명히 필요한 일이 있을 것이다. 생각하고 꿈꾸는 지역사회의 모습, 노인이 행복하고, 아동이 행복한 사회, 결국 지역사회 모두가 행복한 세상을 꿈꾸어 본다. 상식이 통하는 사회. 어른이 어른답고, 아이가 아이다울 수 있는 사회가 상식이 통할 수 있는 사회라 생각한다.

흔들리지 않고, 삶을 살아가기란 말처럼 쉬운 일이 아니다. 우리는 사람들과의 관계 속에서 살다 보니 모든 일에 다른 사람들에게 영향을 받는다. 요즘 세상에는 흔들리지 않고 사는 것은 쉬운 일이 아니다. 핸드폰을 조금만 열어보면 SNS 다른 세상 속의 많은 사람들이 저마다 행복한 자기의 일상을 살아간다. 내가 보고 싶지 않고, 알고 싶지 않은 불필요한 타인의 일상들을 알게 되는 경우가 많았다. 어느 날 지금 뭐 하고 있지?라는 생각이 들었다. 그런 짧은 영상들을 보고 있는 시간이 아깝기 시작했다. 그러면서 나에게 집중하기 시작했다.

 재무설계사로 직업을 바꾼 10년의 세월을 되돌아보면 다른 사람에게 인정받기 위해 애썼다. '인정중독'처럼 타인에게 인정받기 위해 좋고, 싫음의 기준과 가치가 다른 사람에게 있었다. 남들이 좋다고 하면 나도 좋아해야 할 것 같았다. 하지만 조급하지 않게, 그렇지만 느리지 않게 살아가기. '이은숙'이라는 이름이 브랜드가 될 수 있도록, 기준이 타인이 아니라 내가 원하는 기준이 될 수 있는 사람이 되고 싶다. 누가 뭐라 해도 나답게 어른답게 상식이 통하는 사회에서 당당한 지역사회 어른의 역할을 꿈꾸어 본다.

4-9

가슴속 깊은 곳에 별 하나 오다
(이현정)

　나에게 별 하나 마음에 앉았다. 결혼 후 임신 소식은 가족 모두에게 기쁨이었다. 부모가 된다는 것은 경이로웠다. 부모의 마음을 하나부터 열까지 알게 되는 것이다. 그때 나는 어린 어른이었다. 아기 탄생에 그다지 의미를 두지 않았다. 그때는 회사에서 직급이 낮아서 일은 많고, 부딪치는 모든 일에 예민해져 있었다. 나의 에너지는 아침 출근부터 모두 소진되었다. 그때는 그게 나의 최선이었다. 내가 생각하는 당연한 것이 절대 당연하지 않은 일이 생겼다. 임신 후 출산은 당연히 이어지는 길인 줄 알았다. 갑작스러운 슬픔은 언제든지 생길 수 있었다. 나는 울부짖었다. "왜 나에게, 왜 나만 이런 일을 당해야 하는 것이야?"라고 목청 높여 울었다. 나는 임신 소식을 알게 된 후에 한 달을 조금 넘긴 후 아이를 잃었다. 계류유산이었다. 정상인들에게 세포분열 시 발생하는 흔한 유산이라고 의사는 울고 있는 나를 달랬다. "아기가 혼자 힘으로 살 수 없으므로 자연 도태할 수밖에 없어요. 힘들게 어떻게든 견딘다고 해도 10개월 뒤 태어나서 힘든 사항이 생길 수도 있어요"라고 말했다. 나에게는 들리지 않았다.

2001년 12월 마지막 날 나는 소중한 나의 별을 떠나보냈다. 2002년 1월 1일 새해는 나에게 최악의 날이었다. 새해를 맞이하는 아침이 두려웠다. 9주에 이미 심장이 멈춘 아이가 11주에 하혈로 알게 된 유산을 이해할 수 없었다. 민원이 다른 동보다 많았던 동 업무가 나에게 심리적, 체력적 부담감을 줬을지도 모른다. 아기를 잃은 아픔은 내가 했던 모든 행동과 마음에 죄책감으로 와닿았다. 그렇게 나는 나의 소중한 별을 잃었다. 또 다른 별이 나에게 오기를 간절히 바랐지만, 쉽지가 않았다.

2004년 드디어 나에게 소중한 별이 왔다. 3년 동안 많이 울고 걱정했던 마음을 아이가 그대로 받았다. 아이를 한 번 잃었던 아픔에 병원을 다녀와서도 불안감은 떠나지 않았다. 심장박동이 뛰기 시작할 때쯤 나는 점점 더 민감해졌다. 내 마음대로 뱃속에 아기가 움직이지 않다고 생각하면 4주 뒤에 진료를 보러 가야 하는데도 불구하고, 두려운 마음에 즉시 병원으로 뛰어갔다. 예민한 온도의 최고치였다. 이런 두려움은 현실이 되었다. 의사 선생님께서 말씀하셨다. "여기 보이시죠? 심줄처럼 내려와 있는 이것이 아기가 크면서 눌러 없어질 수도 있고, 아기에게 감겨서 손이나 다른 곳에

둘러싸일 수도 있습니다…." 그날 이후부터 나의 불안감은 아기를 낳을 때까지 하루하루가 두려움이었다. 아기를 잃을까 봐 숨죽여서 아이를 느껴야 했고, 아기가 태어났을 때는 탄생의 기쁨을 누리기 전에 별똥이의 약지에 붉은 반점이 있음에 놀라지 않을 수 없었다.

내 아기의 태명은 '별똥이'였다. 남편과 내가 아이를 잃고 태명을 지을 때도 가슴속 아픔보다는 선물 같은 아기를 축복으로 생각하자는 의미가 많았다. 우리에게 온 별똥이는 그렇게 내 뱃속에서 잘 자랐다. 사실 내 불안한 마음이 별똥이를 힘들게 하였다. 그런 불안감을 10개월 동안 받아서인지 별똥이는 자라면서 불안한 마음을 표현하였다. 직장인 엄마의 아이라서 정서적으로 불안한 모습을 보였고, 손톱을 뜯을 때도 많았다. 그때는 별똥이의 마음을 더 알려고 하지 않았다. 그때 내가 한 최선이 내 최고의 노력이라고 착각했다. 아니 무지한 엄마였다. 세월이 흘러 별똥이가 힘들어하는 시기가 있었을 때 별똥이를 더 깊숙하게 볼 수 있었다. 그때 알았다. 내가 품은 10개월이 두려움이 가득한 공간이어서 나의 불안감이 그대로 전이되었다는 것을 뒤늦게 알았다. 증명할 수 없지만, 엄마는 느낄 수 있었다. 미안한 마음 가득하였다.

별똥이는 우리 부부에게 특별한 아이였다. 직장인 엄마라서 바쁘다는 핑계로 제대로 챙겨주지 못하는 엄마에게 과분한 아이였다. 초등학교 1학년 때 알림장에 선생님께서 말씀하시는 준비물을 그림으로 그려서 우리에게 보여줬고, 본인이 알아서 준비물도 척척 준비하였다. 나는 그런 별똥이의 노력을 당연하게 받았다. 별똥이가 매번 정성스럽게 준비하는 마음을 한 번도 제대로 칭찬해 주지 않았다. 100점 받아오는 아이가 한 개라도 틀리면 '왜'라는 반문만 했다. 그렇게 무지한 엄마였다. 딸과 힘든 시간을 함께 겪으면서 이득을 본 사람은 둘째 아들이었다. 둘째 아들이 50점을 받아도 50점이 만점인 것처럼 아이에게 화내지 않고 격려했다. 왜 사랑하는 딸에게는 이런 마음을 보여주지 못했을까? 엄마가 처음이라고는 하지만, 너무 몰랐다. 더 예민하고 더 마음이 여린 별똥이를 더 많이 관심 가져주고 사랑해 줘야 했음을 뒤늦게 후회했다. 경험하지 못해서 무지해서가 아니라 관찰과 관심을 가져야 하는 마음조차도 몰랐다. 그게 정성이고, 작은 정성들이 모여서 사랑이 되는 것을 알지 못했다.

지금 나는 소중한 별을 품에 안고 산다. 학업으로 떨어져 있는 동안 더 많이 생각하고, 배려가 가슴속 깊은 아이를 뜨겁게 안아주고, 당연한 것을 소중히 여기는 별이 아파하지 않도록 최선의 노력을 하고 있다. 고등학교 기숙사생활로 아빠가 매주 데리러 갔다. 성실한 아빠의 고마움을 딸은 항상 표현했다. 지금 대학생인 딸은 매일 아빠와 통화하고 마음을 나눈다. 매일 남편이 나보다 더 자주, 더 다정하게 별똥이와 대화를 나눌 때면 가슴 깊이 감사함을 느낀다. 무뚝뚝한 남편 마음 깊숙하게 자라고 있는 별똥이는 딸바보 아빠의 소중한 인생 선물이다. 지금은 딸이 도전하는 모든 것에 칭찬과 응원을 보낸다. 오늘도 우리 부부의 마음에 반짝반짝 빛나고 있는 우리들의 별이 성장하고 있다. 그 작은 별이 아프지 않고 아름답게 성장할 수 있도록 응원한다. 안젤라 애드킨스는 말한다. "자식은 부모에게 있어 작은 손을 잡고 세상을 걷는 것이다." 어색하고 낯선 길을 걷고 있는 별똥이에게 작은 손을 내민다. 소중한 하루를 함께 걸어가자고 수줍게 말하는 나에게 오늘을 응원한다.

4-10

지연 또는 주위가 주는 삶의 방향
(전세병)

    돌아가신 양가 조부님 댁은 모두 충남 청양이었다. 별을 생각하면 먼저 떠오르는 것 중 하나는 외할머니 집이다. 외할머니께서 건강하셨을 적에는 청양에 계속 사셨다. 명절마다 시골집에 들르면 시골집에서 나는 특유의 집 냄새가 좋았다. 특히 장롱 안에서 간만에 꺼낸 이불에서 나오는 특유의 향과 포근한 촉감이 기억에 남는다. 설명할 수 없는 향이지만 그 향을 맡고 있으면 안락한 기분이 들었다.

    해가 지고 황혼이 드리울 때면 여물을 들고 집 옆에 소들이 있는 외양간으로 갔다. 완전히 깜깜해지기 전에 소들의 밥을 먹이고 나서 고개를 들고 하늘을 보았다. 아직 햇빛이 완전히 가시지 않았지만 달과 별이 보이기 시작한다. 지금도 시골에 가면 공기가 맑아서 하늘이 깨끗하고 잘 보인다. 당시엔 지금보다 훨씬 깨끗했고 별이 쏟아져 내릴 것 같았다. 엄청나게 많은 별들이 보일 정도로 깨끗한 하늘을 보고 있으면 별들이 이불처럼 근방 전체를 안아주고 있는 것 같았다. 지역을 지켜주는 수호신의 결계 같다는 느낌도 받았다.

 별을 보면서 집으로 돌아오면 저녁을 준비하고 있었다. 동시에 온돌을 이용해 방을 같이 데우기 위해 아궁이에 불을 피우고 있었다. 꼬마였던 나에겐 아궁이에서 피어오르는 불이 신기하고 재밌었다. 조그마한 공간에서 연기가 그렇게 피어오르기 때문에 눈이 매운데도 타닥타닥 타오르는 소리를 듣고 있으면 잡념이 사라졌다. 요즘에는 캠핑이라는 게 유명해졌다. 캠핑이 대중화되면서 사람들이 즐기면서 유명해진 불멍이란 것을 어릴 때부터 느꼈다. 잔가지 나무들이 타는 냄새도 좋아서 할머니 집에 갈 때마다 아궁이가 있는 공간에 가고 싶어 했다. 외할머니 집에 대한 좋은 기억들이 많이 남아 있다.

 너무 어릴 때라 정확한 시기는 기억나지 않는다. 갓난아기 시절에 사촌 누나들이 그렇게 잘 놀아줬던 기억이 있다. 누나들이랑 나이 차이가 좀 있어서 당시 누나들은 초등학생이었다. 누나들도 하고 싶은 게 있었을 텐데 불평하지 않고 나를 돌봐줬던 기억이 있다. 덕분에 누나들에게 고마운 것들이 많아 지금까지도 친하게 잘 지내고 있다. 언제든 만나면 편안하다는 기분이 들게 해준다.

겨울이 되면 청양은 엄청 추워져서 눈도 많이 내리고 고드름이 생기고 길이나 논에 살얼음이 많이 얼었다. 할머니 집 마당에 눈이 쌓이다가 그대로 얼었던 적이 있었다. 얼어버린 모양이 작은 언덕처럼 쌓여버려서 갓난아기였던 나를 세숫대야에 넣어서 썰매처럼 태워준 적이 있다. 지금 생각해도 순수하고 즐겁게 놀았던 것 같았다. 되짚을 때마다 흐뭇해지는 기분이 든다. 눈이 얼어서 만들어진 자연 썰매장 속에 있는 눈꽃 결정들도 별과 닮았다. 별은 나에게 순수함을 가지게 해줬던 존재 같다.

  기장에 있는 해동용궁사로 놀러 간 적이 있었다. 저녁 늦은 시간에 기장에 도착했지만 사람들이 엄청 많았다. 슈퍼문이 뜨는 날이었기 때문이다. 용궁사에서 나와 근처 해수욕장을 거닐며 슈퍼문을 바라본 건 처음이었다. 슈퍼문을 제대로 감상한 적이 없어서 달이 이렇게 클 수 있다는 것에 감탄했다. 그날 하늘도 깨끗했는지 별이 엄청 많이 보였다. 도시에서는 별을 많이 볼 수 있는 날이 귀한 터라 신기해서 하늘을 계속 보게 되었다.

  슈퍼문 뜬 날 사람들이 많이 나오는 이유 중 하나가 이쁜 풍경을 보는 것도 있지만 대다수 올해 소원을 빌기도 한다. 소원을 빌면서 별을 보다 보면 하늘이 신화에 나오는 세계수같이 보였다. 내가 비는 소원들이 불교의 연등처럼 하늘에 별로 달리는 느낌이어서 더 좋았던 것 같다.

옛날 고서를 보면 내비게이션은 고사하고 이정표조차 없었던 까마득한 과거에는 별을 보고 방향을 정했다고 한다. 소원을 빌고 있는 나에게도 바라보고 있는 별들이 이정표처럼 길을 보여주는 듯한 느낌이 들었다. 동시에 밝은 빛으로 콘서트 응원봉처럼 격려해 주는 것 같았다. 바람이 많이 부는 바닷가여서 분명 쌀쌀한 날씨였는데 속은 따뜻해지는 느낌을 받았다. 가장 가까운 존재 중에 나에게 별, 즉 목표나 이정표 같은 사람은 어머니이다. 우상 같은 존재가 내 주위에 있다는 것부터 행복한 삶을 살고 있다고 생각한다. 그 별이 더욱이 빛날 수 있도록 내가 주위를 깨끗하게 유지할 수 있도록 노력하며 살아갈 것이다. 수많은 별들이 떠 있는 것을 보며 서로가 서로를 응원해 주어서 모두가 행복할 수 있는 사회를 만들어가고 싶다. 내가 다니는 큰솔나비 독서모임의 구호처럼 말이다. "공부해서 남을 주자!"

요즘 어머니를 보면 삶을 어떻게 살아가야 할지 생각하게 된다. 퇴직하시고 경제적으로나 정신적으로 자유로워지셔서 마음껏 개인 운동 PT를 받으며 건강관리를 하신다. 탁구라는 새로운 분야도 같이 배우고 있다. 거기다 언제나 가고 싶을 때면 여행을 떠나신다. 노후를 즐길 수 있다는 것도 그동안 열심히 살아왔다는 증거이다. 여행 갈 때도 같이 가는 친구분들이 계신다. 매번 갈 때마다 어머니를 찾아주고 불러주는 것을 보면 어머니가 쌓아왔던 덕이 아닐까. 남에게 베푸는 삶을 항상 옆에서 지켜보아 온 사람으로서 어머니는 나에게 큰 존재이다. 세상에 신이 내릴 수 없어서 어머니라는 존재를 만들었다는 말이 맞는 거 같다. 나를 위한 삶을 살면서 주위도 같이 챙길 수 있는 그릇이 큰 사람이 되려면 어떻게 해야 할지 고민하는 건 평생에 걸쳐서 해야 하겠지만 어머니를 쫓으며 살다 보면 그 길이 조금이나마 보일 거 같다. 시골의 별 같은 존재가 어머니다. 내 삶 주위에 북두칠성처럼 빛나고 있는 존재들이 많이 있다는 게 감사하다.

마치는 글

강준이

정년퇴직 후 새로운 시간을 보내고 있다. 경험 속에서 깨달은 것 덕분에 일상을 감사하게 맞이하고 있다. 내 삶의 주인으로 행복하게 살고 있다. 주경야독의 생활, 시작과 끝을 본 직장, 부산큰솔나비 독서모임, 귀한 인연의 주위 분들, 늘 곁에서 말없이 같이해준 책들 덕분이다. 사랑과 헌신으로 키워주신 부모님과 가족의 사랑이 없었다면 나의 삶도 없었을 것이다. 내가 빛나는 별이라는 것을 늘 잊지 않게 해주는 가족에게 감사하다.

강지원

인생의 여정을 돌아보며 깨달은 가장 큰 진리는 시간의 소중함과 자기 자신을 찾아가는 것의 중요성이다. 50년 넘게 시간에 쫓기며 타인의 기대에 맞춰 살았지만, 환경을 바꾸고 독서를 시작하며 시간의 주인이 되는 법을 배웠다. 퇴직 후 '정리 수납'을 통해 새로운 길을 개척하고, '살아 있음' 자체에 감사하며 오늘 하루를 온전히 살아내는 지혜를 얻었다. 결국, 모든 답은 내 안에 있으며, 타인의 시선이 아닌 내면의 목소리에 귀 기울일 때 진정한 평화와 행복을 찾을 수 있음을 깨달았다. 나이는 숫자에 불과하다. 언제든지 새로운 시작을 할 수 있고, 꽃이 피는 데 늦을 때란 없다.

구미옥

늦게 뛰어든 부동산 중개 영업에서 돌파구를 찾던 중 우연히 독서 모임을 알게 되었다. <글센티브 글쓰기교실>에 가입하여 초보 작가의 길에 첫발을 내디뎠다. 새로운 시작이었지만 두렵지 않았다. 오히려 설렘이 더 컸다. 독서와 글쓰기가 인생 3막의 든든한 나침반이 되리라 생각한다. 매주 진행되는 글쓰기 수업 시간을 통해 나 자신을 들여다보게 된다. 무엇보다 선한 삶의 지표를 몸소 보여주는 코치에게 감사드린다.

권은주

우리의 행복은 언제든지 마음껏 꺼내 쓸 수 있다. 글쓰기는 그 행복을 더욱 알차게 누리는 소중한 권리다. 아무리 아프고 힘든 경험이라도, 그것을 글로 옮기는 순간, 우리는 비로소 삶이 전하는 따뜻한 의미를 알아차릴 수 있다. 오롯이 나 자신을 마주하며 다독일 수 있었던 소중한 시간을 마무리하며, 이 글을 읽는 당신 역시 마음속에 있는 행복을 마음껏 꺼내어 쓰길 바란다.

서정혜

글을 쓴다는 건 내 생각을 조용히 들여다보고, 세상의 소음에서 벗어나 나 자신에게로 돌아오는 일입니다. 마음이 흔들릴 때마다 가만히 내면을 살폈습니다. 이대로도 괜찮습니다. 충분히 잘하고 있습니다. 지금 이 순간이 나에게 주어진 전부이자 가장 소중한 것입니다. 하루의 일을 정성스럽게 해내듯, 이 글도 마음을 다해 한 줄 한 줄 써내려 갔습니다. 이 책이 당신에게 잠시 숨을 고를 수 있는 작은 쉼표가 되기를 바랍니다.

양미란

결국 나의 하루를 오롯이 나답게 채워가는 시간은 거창한 계획이나 특별한 변화가 아닌, 작지만 꾸준한 실천에서 비롯된다. 아침 햇살 속 걷기, 도서관에서의 사색, 주말 산행 속 자연과의 대화는 내 일상에 질서를 만들고 마음에 여유를 선물해 준다. 그렇게 흘러가는 시간 속에서 나는 점점 더 나다운 삶에 가까워진다. 매일 똑같아 보여도, 어제와는 분명히 다른 오늘을 살아가고 있다는 사실이 나를 위로한다. 바쁘고 빠르게만 흐르는 시간 속에서도 내가 내 시간을 주도적으로 살아가고 있다는 감각, 그것이야말로 삶을 풍요롭게 하는 진짜 힘이 아닐까. 앞으로도 자연의 리듬에 귀 기울이며 나만의 속도로 하루를 채워가고 싶다.

이명숙

오랜 시간 직장과 가정을 돌보며 바쁘게 살아왔다. 무엇인지 정확히 알 수 없지만, 숨을 쉴 수 있는 나만의 공간이 필요하다는 마음에 글을 쓰기 시작했다. 처음 글을 쓸 때는 무엇을 어떻게 써야 할지 막막하고 어려웠지만 그래도 조금씩 써 내려가다 보니 막힌 숨을 쉬게 해주는 것 같아서 좋았다. 좀 더 글을 잘 썼으면 더 좋았을 텐데 하는 아쉬움이 남는다. 글을 쓰면서 옛 추억과 지금까지 살아온 날들을 되돌아보는 소중한 기회가 되었다. 이렇게 글을 쓰다 보면 누구든지 더 나은 글을 쓸 수 있게 되지 않을까 싶다.

이은숙

평생을 함께할 '나'와 잘 살아내기 위해 서툴지만 글쓰기를 시작했다. 성실과 겸손, 감사함으로 누군가에게 선한 영향을 주면서 성장하며 살아가고 싶다. 가끔 마음과는 다르게 살아질 때도 있지만, 그럴 때마다 반성하고 한 걸음 더 성장하려 한다. 언젠가 지금보다 더 진솔한 나의 이야기를 쓸 수 있을 때까지 노력하는 작가 이은숙이 되고 싶다.

이현정

매일 아침 직장에 다닌다는 이유로 나에게 집중할 시간이 없다고 생각했다. 도전하고 싶은 것을 못 한다는 이유도 '바쁘다'는 나의 합리화였다. 글쓰기를 하지 않았다면, 내가 나를 볼 수 있는 소중한 기회를 마주하지 못했을 것이다. 주도적인 삶을 이끌고 싶은 모든 분들에게 '도전'으로 성장할 수 있는 나를 볼 수 있는 소중한 기회를 갖기 바란다. 도전은 그냥 하면 된다. 두려워 마라. 산에 가고 싶다면 아무 생각 없이 등산화를 신고 있으면 된다. 등산화를 신고 떠날 준비가 되었는가?

전세병

글쓰기가 거창한 일처럼 느껴질 때가 많습니다. 누군가는 작가만이 하는 일이라고 생각할 수도 있고, 또 누군가는 '나는 글을 잘 못 써서'라고 미리 포기하곤 하죠. 하지만 저는 평범한 청년으로서, 글쓰기가 꼭 잘하기 위해서가 아니라, 나를 이해하고 세상과 연결되기 위함이라는 걸 느끼고 있습니다. 잘 쓰는 것보다 솔직하게 쓰는 것, 내가 나를 마주하는 것, 그게 글쓰기의 시작이자 가장 큰 의미라고 생각합니다. 그게 우리 이야기가 되는 거니까요.